沿苏州河而行

邂逅时光变迁中的人与城市空间

澎湃研究所
编著

ALONG THE SUZHOU RIVER

People and space in a changing city

上海大学出版社

图书在版编目(CIP)数据

沿苏州河而行: 邂逅时光变迁中的人与城市空间 / 澎湃研究所编著. —上海: 上海大学出版社, 2022.12
ISBN 978-7-5671-4610-5

Ⅰ.①沿… Ⅱ.①澎… Ⅲ.①苏州河—历史 Ⅳ.①K928.42

中国版本图书馆CIP数据核字(2022)第229899号

责任编辑 陈 强
助理编辑 夏 安
封面设计 缪炎栩
内文插画 陈鑫培
技术编辑 金 鑫 钱宇坤

沿苏州河而行

邂逅时光变迁中的人与城市空间

澎湃研究所 编著

上海大学出版社出版发行
(上海市上大路99号 邮政编码200444)
(https://www.shupress.cn 发行热线021-66135112)
出版人 戴骏豪

*

南京展望文化发展有限公司排版
上海华业装璜印刷厂有限公司印刷 各地新华书店经销
开本890 mm×1240 mm 1/32 印张8 字数153千
2022年12月第1版 2022年12月第1次印刷
ISBN 978-7-5671-4610-5/K·268 定价 46.00元

前　言

2020年底，苏州河中心城区42公里岸线基本实现贯通，苏州河两岸成为市民、游客休闲的好去处。

苏州河，是上海的母亲河，一条“有故事的河”：中国民族工业诞生于此，近代中国与世界的大融合也发展于此。它，见证了百年上海的腾飞。然而，生活在上海的人，对它的印象多止步于它是穿城而过的一条河：在年长者的印象中，它曾经黑臭到难以亲近；在年轻人眼里，现在的它是一张常出现于新闻报道中的“城市名片”。

2020年，伴随着两岸的公共空间升级改造，澎湃新闻《城市漫步》栏目编辑与城市爱好者一起“沿苏州河而行”，组织了一系列线下活动，并将沿途见闻与讨论内容收录到同名专题中。如今，苏州河岸线及其腹地的变化已经成为《城市漫步》栏目长期关注的议题。

选择苏州河，一方面是因为沿河空间开阔，符合特殊时期对于公共活动的空间要求；更重要的是，我们希望重新认识、思考苏州河与上海这座城市的关系——苏州河不仅是城市景观，更是了解城市经济地理、文化的重要窗口；苏州河也不应只是影视、文学作品中的一段历史背景，更是当下城市空间、城市生活的重要组成部分。

在苏州河边，我们与招募的伙伴一起行走、观察、体验和分享，用文字、图像、视频、歌谣、展览等形式记录大家与苏州河发生的连接——有的人从前或者现在在苏州河边生活，有的人醉心于沿岸的历史和建筑，有的人在附近进行学术研究，有的人单纯喜欢在河边散步和放空……同行伙伴的年龄、背景、专业不尽相同，为其他参与者从多维度、更立体地了解苏州河提供了宝贵的信息；伙伴们一起头脑风暴也让漫步的形式得以延伸，让项目成为一个共创的过程，让参与者对苏州河的过去有了更多了解，对它的未来有了更多想象。

您现在看到的这本书以2020年刊发于澎湃新闻上的“沿苏州河而行”专题为基础，在出版的过程中，我们对专题内容进行了重新编辑和增补，希望通过20个故事，带读者进入一场跨时空、跨领域的苏州河漫步。或许当您读完这些故事之后，再见苏州河时，会像遇见“熟人”一样多看它几眼，多关心一些它的现状，也会对它的未来多一些期许。

无论是之前的专题筹备，还是本次书稿的编辑，我们都得到了来自各领域学者、艺术家、同行伙伴、志愿者的诸多支持与帮助，在此表示诚挚的谢意。同时，我们还要感谢上海大学出版社对“沿苏州河而行”项目的关注与认可，以及在本书出版过程中提供的宝贵建议。

最后，祝愿未来的苏州河“串珠成链”，与上海一同续写城市美好生活篇章。

澎湃研究所　董怿翎

2022年4月

目　录

穿越时空的苏州河历史

现代化治理与更新下的苏州河

市民共享的苏州河

穿越时空的苏州河历史

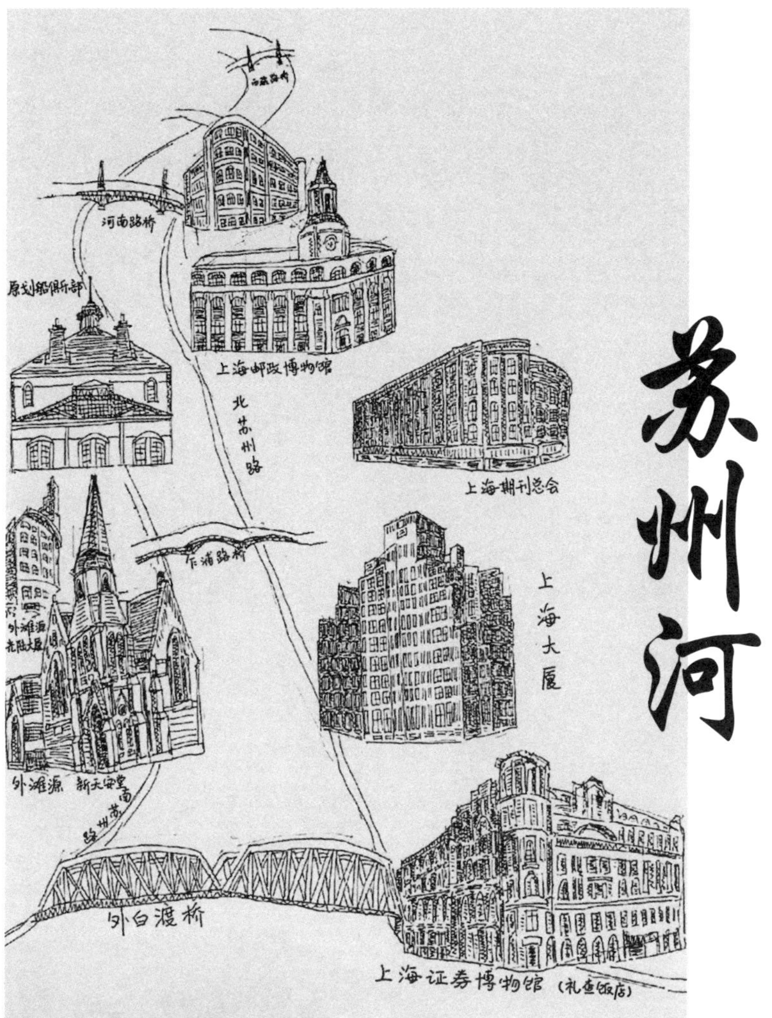

河南路桥
原划船俱乐部
上海邮政博物馆
北苏州路
上海期刊总会
乍浦路桥
上海大厦
外滩源 新天安堂
南苏州路
外白渡桥
上海证券博物馆（礼查饭店）

苏州河：穿越时空　徜徉千年

沈思睿

上海市地方志办公室三级调研员

城市因河流而美丽，河流因城市而多情。每一座伟大的城市，必由一条伟大的河流哺育和滋养：泰晤士河之于伦敦，塞纳河之于巴黎，台伯河之于罗马，多瑙河之于维也纳……河流对城市的影响，是任何事物都无法比拟的。

苏州河，在学者笔下，是风云变幻的传奇；在作家书中，是爱恨交织的乡愁；在摄影师镜头中，是一坛酽厚的老酒；在导演心中，是永远的舞台……它的故事绵延数千年。

“冈身”·太湖·吴淞江

一直以来，关于上海的母亲河究竟是

哪条，还颇有几番争论。但如果从时间和空间纵深来看，就不必那么纠结了。

上海地区位于太湖流域东缘，在远古时期可不是现在这个模样，也没有这么广阔，这是一个不断向东“涨”出来的过程。这个过程从学术角度讲，非常专业，此处就不赘述了。但有个“冈身”的名词还是有必要解释一下。

远古时期，太湖原是一处海湾。距今约6 000～7 000年前，海面上升速度减慢，而长江带来的巨量泥沙和海浪夹带的泥沙、贝壳在河口的堆积速度远远超过海面上升速度，大自然的鬼斧神工在太湖洼地前缘塑造出一条带状滨岸贝壳沙堤，这就是“冈身”（此提法较早见于北宋郏亶《水利书》)。这个过程很漫长，当时海边的贝壳类动物很多，每次涨潮的时候，强烈的波浪将近海泥沙和介壳动物残骸堆积在沙嘴边缘达到最高潮水位的高度，潮贝壳片和细砂越积越高，类似自然的堤坝一样，将海水隔离开来，形成内陆潟湖，这就是现在的太湖。“冈身”也是上海成陆的基础，现今我们生活的这片土地，大多是位于冈身以西的滨海平原之上。

太湖形成后，在当地充足的雨量及江河不断注入下，需要排水口，而吴淞江就承担了这一职责。

在太湖以东地区成陆过程中，古有排水“三江”之说。《尚书·禹贡》中有“三江既入，震泽底定”的记载。震泽即今太湖。至于是哪“三江”，《禹贡》中并未详陈，只是后人经过各种考据，而把此“三江”称为“松江、娄江、东江”。东晋庾仲初作《扬都赋》，自注“今太湖东注为松江，下七十里有水口分流，东北入海为娄江，东南入海者为东江，与松江而三也”。娄江为今浏河的前身，东江故道并无确切查考，而松江即今吴淞江。

至于“松江”这个古称又是如何演变为现今“吴淞江”的，其中说法各有不同，并无定论。一些志书中的表述为“古名松江。因古为吴郡地，故亦名吴松江。晋及唐朝时称松江之下游为沪渎。元以后多写作吴淞江”，而有些史料认为“元至元十五年（1278），松江府设立之后，已作为行政地名，为示区别，故称吴松江。”也有说法认为与水患有关，如明朝《弘治上海县志·山川志》中记载：“松江一名吴淞，因水患去水从松……”

苏州河与黄浦江的主次地位转换

说到水患，这也是一个伴随吴淞江数千年的话题。两晋之间，长江中下游加速开发，水土流失加剧，长江含沙量增加，长江口泥沙堆积加快，在潮汐的作用下，太湖向东的诸多排水通道都出现了不同程度的淤塞，吴淞江河口开始淤浅变窄。北宋时，太湖其他泄水通道都已阻绝，仅剩吴淞江一个主要出海口。此后历代官方都有治水举措，其中较为著名的就是明代夏原吉，他在永乐元年（1403）八月，提出其全盘计划，其中写道：

> 按吴淞江旧袤二百五十余里，广百五十余丈，西接太湖，东通大海。前代屡疏导之，然当潮汐之冲，沙泥淤积，屡浚屡塞，不能经久。自吴江长桥至下界浦，约百二十余里，虽云疏通，多有浅窄之处。自下界浦抵上海县南跄浦口可百三十余里，潮沙壅涨，菱芦丛生，已成平陆，欲即开浚，工费浩大，且滟沙游泥，浮泛动荡，难以施工。臣等相视得嘉定之刘家港，即古娄江，径通大海；常熟之白茆港，径入大江，皆系大川，水流峻急。宜浚吴淞江南北两岸安亭等浦港，以引太湖诸水入刘家、白茆二港，使直注江海。又松江之大黄浦，乃通吴淞要道，今下游壅塞，难以疏浚，傍有范家浜，至南跄浦口可径达海，宜浚，令深阔，上接大黄浦，以达泖湖之水，此即《禹贡》三江入海之迹。（明·夏原吉，摘自《明太宗实录》）

明初以前，黄浦原为吴淞江下游南岸的一条支流，其河道宽度不及吴淞江的一半；明中叶以后，黄浦的水势日益壮阔，成为排放太湖水入海的主要干道，至于吴淞江，反而变成其西岸的一条支流。双方主次地位的关键转换期，可以说就在永乐年间夏原吉治水期间。

元代至元二十九年（1292）上海设县，至明代，其社会经济日益繁荣，孕育此地发展的摇篮，主要就是这吴淞和黄浦两条河川。明初以前系吴淞江，明代中叶以后，则是黄浦。

关于这段江河治理的历史，有兴趣的读者可以去位于普陀区志丹路的元代水闸遗址博物馆一探究竟。

现今的吴淞江从江苏吴江瓜泾口起，在青浦小巷泾、姚浜附近进入上海市域内，至黄浦公园入黄浦江，全长125公里，其中上海境内53.1公里。这里还需确认一个事实，那就是“吴淞江”和“苏州河”并不是完全重叠的两个地理名称，后者的出现不过百余年，且专指上海市区河段的吴淞江，习惯上指北新泾至黄浦江一段（约17公里），但随着上海市区扩大，称“苏州河”之河段有上延的趋势。

1843年上海开埠，外侨纷至沓来，并以上海为据点，向四周活动。有人乘船溯吴淞江而上，可直达苏州，故俗称其为“苏州河”。1848年11月27日，上海道台麟桂与英国驻沪领事阿礼国（Rutherford Alcock）签订扩大英租界协定，西界扩至护界河处（今西藏中路），北界扩至苏州河岸。这是首次在正式文本中，将吴淞江（上海境域段）称为苏州河（Soochow Creek）。

从水利到航运：见证城市经济发展

近代以前，吴淞江在水利上的功能要明显强于航运。虽然在唐宋时期，青龙镇依托其北侧宽阔的吴淞江迅速崛起，以海内外贸易为产业支柱，转型发展成为上海地区最早的对外贸易港口。但随着南宋后期吴淞江淤塞变窄，直接导致海内外贸易量急剧下降，航运功能开始衰落。其后，尽管上海处在江南水网地带，但是吴淞江的航运并未得到发展，一直是作为从属于苏州的外港发挥作用的，长江和运河才是主要渠道。上海沙船业的兴起则主要依托海路。

上海开埠之后，租界当局开始染指内河水道，苏州河的状态开始悄然转变。1895年，清廷被迫签署《马关条约》，其第六款中就有“准许外国船只从上海驶进吴淞口及运河以及苏州府、杭州府”的行文。1898年，清廷颁布《华洋轮船驶赴中国内港章程》（又名《内港行船章程》），扩大了通航范围，使苏州河及沿岸地区迎来发展契机。其后，诸多企业又以上海为重点，开设了专营内河航线的轮船公司。在这个过程中，上海渐渐形成内河港区，苏州河也被纳入其中。众多沿长江顺流而下的商船不再奔赴苏州，而是直接来到上海。

航道物流的发展，也带来工商业的繁盛，苏州河沿岸开始出现各类码头、工厂、仓库，其中以各类纱厂、面粉厂规模最大，另外还有化工厂、榨油厂、食品厂等等。20世纪早期，在“实业救国”理想的驱使下，上海的民族资本蓬勃发展，众多能人志士的“强国梦”就萌发于苏州河畔。

据苏州河工业文明展示馆相关资料显示，目前知晓的

▲ 20世纪30年代的苏州河（今梦清园河段）

▲ 20世纪30年代，苏州河俯瞰（近处为四川路桥）

沿岸工业遗址有近50处。随之而来的还有一些地产商建造的石库门里弄和公寓建筑，苏州河上从来没有如此热闹过，各类汽船、帆船、货船、舢板、客船来往穿梭，航班有到苏州、杭州、无锡、湖州、常熟、昆山、平湖的，甚至还有开往朱家角的短途航班，有些线路一直运营到20世纪80年代。吴淞江（苏州河）作为上海与江南联通的重要通道，其地缘优势与商贸地位也逐渐显现，继而成为整个江南内河水网、商道互联互通的重要纽带。随着沪宁、沪杭甬等铁路的开通，苏州河沿岸工厂、仓储连同航道，与铁路形成有效的水陆互动格局，推动着长三角地区的城市化进程。

上海近代工商业、交通运输业等城市经济的发展，也给传统的劳作和生活方式带来了颠覆性的变化，在为周围农村提供诸多新的谋生途径的同时，对当地的社会生活也带来很大冲击。苏州河沿岸许多传统文化符号和自然村落

▼ 1979年航拍的苏州河河南路桥至外白渡桥段

在这一过程中渐渐消失，就像“梵皇渡”“三官堂”“大王庙”一样，只留名称传世。

因为父母支援内地建设的缘故，我虽然出生在上海，但整个童年时代都是在山西度过的，每年回上海探亲的时候，便是我接近黄浦江和苏州河的最佳机会。外婆家就住在离“梵皇渡”很近的华阳路，走到苏州河边不过几百米，夏天坐在院子里乘凉、嘎讪胡，鼻子里总会飘进一阵阵独有的味道，那种体验谈不上好，但有一种奇怪的亲切感。

夏日炎炎之中的苏州河还会给人带来另外一种美食体验，那就是西瓜。当年上海周边的农副产品和瓜果蔬菜很大一部分都是通过苏州河进入上海的。浙江平湖的西瓜鼎鼎有名，通过内河水路运输，物流承载量大，且破损率比公路运输要低不少。

每每有运瓜船靠岸卸货，附近的很多居民就会拿着脸盆赶过去，用非常低廉甚至几乎“白给”的价格从船老大那里买来破损的西瓜，上海市民的精明可见一斑，因为他们认为“卖相不好，但似乎不影响口感”。

外婆和其他亲戚只要有空闲，就会带我这个“外地小鬼头”去见见世面。最常去的就是“曹家渡”，在我的记忆中，那是一个极为有趣的地方。

20世纪80年代初的曹家渡地区交通、工商业等经过综合治理，拓宽了道路，调整了公交线路，各种商业形态丰富多彩，充满着市井气息，让我这个来自黄土高原的毛

▲ 20世纪80年代，苏州河上往来的货船（摄影：陆杰）

孩子目不暇接。“三官堂”也是家人们经常提起的一个名字，在那里可以买到很多新鲜食材和生活用品，而在这些背后，是苏州河上络绎不绝、穿梭往来的大小船只。

再一次转型：苏州河的生态修复之路

各类业态的繁荣以及城市化进程也带来了“副产品”，那就是污染。19世纪后期至20世纪初，苏州河水质尚好，当时闸北自来水厂（原址位于恒丰路苏州河畔，1924年搬迁至杨浦闸殷路）及沿河工厂曾以苏州河水作为水源。但从20世纪20年代开始，由于大量的工业废水和生活污水未经处理就直接排入苏州河，远远超出了河流本身的自净能力，且当时无论租界当局还是上海地方政府对污染也疏于治理，这些都导致了水质的急剧恶化。

1949年后，上海工业又进入一个高速发展期，苏州河两岸建起了更多的工厂，也容纳更多的居民，污水被大量地排放到苏州河里。到1956年，苏州河黑臭段已达北新泾。1964年，黑臭段延伸到华漕，此后污染逐年加重，河段终年黑臭，鱼虾绝迹，成为一条实际意义上的“污水沟”。当年，在外滩苏州河与黄浦江交界处，那道著名的“江河黑黄分界线”提醒着人们以牺牲环境作为发展的代价是何其沉痛，严重的污染不仅破坏城市环境，更影响着市民的饮水健康和农产品的质量，制约着上海市的发展进程。

苏州河的污染原因是多方面的，然而最主要的原因是城市基础设施规划和建设远远落后于城市的发展速度，使苏州河成了市区企业和居民天然的“排污池”。有数据显示，20世纪80年代初，上海市区产生的工业废水和生活污水每日约为490万立方米，其中300万立方米不经任何处理直接通过管道排入黄浦江、苏州河等河道。

其实对苏州河的治理，上海市从20世纪50年代开始就在不断尝试各种方法。1956—1965年间，上海市市政工程局苏州河工作组和上海市政工程设计院为治理苏州河，先后进行调查研究，编制了6次污水治理规划。

1995年4月，上海市环保局牵头组织成立由水利局、市市政委、航道局、建委、环卫局、市政局派员参加的

“上海市苏州河污染综合整治管理办公室”，加强对苏州河污染的日常监督管理，并进一步筹划苏州河的综合整治工作。同年，市水利局完成《苏州河综合治理预可行性研究总报告》。1998年，上海市通过《苏州河环境综合整治方案》，正式向黑臭的水质宣战。

苏州河整治总共进行了四期，每一期都有既定目标，且完成情况良好。与此同时，随着上海城市定位和功能的转变，苏州河内河码头的功能逐步减弱，而下游两岸码头周围道路拥堵，噪声扰民，环境脏乱差。随着上海城市国际化程度的提高和整个生态环境发展的需求，苏州河水域及其周边环境综合整治日显必要。

1997—1998年，苏州河环境综合整治指挥部集中对苏州河长寿路桥以东的49座码头实施搬迁或拆除。2002年4月，苏州河长寿路桥以东段的货运和废弃码头已全部搬迁和拆除完毕。2010年，丹巴路游船码头和莫干山路游船码头完工，苏州河水上巴士观光游船正式开航，这在流淌了数千年的河面上还是头一回，这也是苏州河从航运类河道向景观类河道转型的开始。

我是1989年回到上海读高二，1991年考大学的，当时印象最深刻的就是去外白渡桥，看到苏州河与黄浦江“黑黄分明”的一条水带分割线。那泛着特有“酱油色”的苏州河水承载着我的乡愁，但我还是希望它尽快清澈起来。在我的亲戚朋友中，有许多也居住在苏州河两岸，他们对这条河的感情也是极其复杂的。养育了两岸百姓的母亲河需要休整，需要重塑。在我投入方志和地情史料研究工作后，我有了更多的机会和时间去了解这条上海母亲河的前世今生，在2011年组织专业摄影团队苏州河采风的时候，我惊喜地发现，它正变得越来越干净和美丽。

2012年，苏州河综合治理战役告捷，河水逐步变清，并稳定在Ⅴ类标准。生态系统得到恢复，结束了近30年鱼虾绝迹的历史，水中发现40余种鱼类。苏州河两岸还建起23公里长的绿色走廊、65万平方米的大型绿地，河面上还常年举办各类赛船活动。

2018年，苏州河整治第四期工程启动，总投资约250亿元，完成了截污纳管、清淤疏浚、污水处理、综合调水、泵站改造、拆除搬迁、生态修复、景观提升等综合治理系列工程。至2020年底，基本使苏州河干流水质达到Ⅳ类，支流基本消除劣Ⅴ类。同年，总长42.5公里的苏州河滨水岸线贯通。

贯通的城市滨河公共空间

苏州河两岸贯通不仅给市民带来生活上的变化，也为各区的发展赋予新的动能，目前已经呈现出“一区一亮点”的格局。黄浦段结合旧区改造和城市更新，把南苏州河沿线打造为一条2.9公里的有内容、有记忆、有活力的海派风情博览带；虹口段以“最美上海滩河畔会客厅”

为目标，打造具有历史文化魅力的高品质滨水公共空间；静安段的设计理念为“上海新地标，梦回苏河湾”，通过综合改造提升，重点打造水岸阳台、历史画廊等滨水项目；普陀段把贯通与居民小区品质提升、临河地块功能转型相结合，重塑苏堤春晓、创享塔等生活亲水岸线和活力空间示范区；长宁段全线约11公里的健身步道，串联起多个公园绿地。岸线贯通，不仅仅是物理空间层面上的，也体现了城市建设“以人为本”的共识。空间共享，不仅是人民城市的应有之义，也折射出上海“开放、创新、包容”的城市品格。

▼ 2021年10月24日，2021上海赛艇公开赛在苏州河上举行（摄影：陈冬）

苏州河是申城的血脉，在老一辈上海人眼中，它饱经沧桑，坎坷跌宕。但它始终眷恋着大上海的情怀，洋溢着大上海的风采。如今的华丽转身，它也见证了民生的改善，支撑着城市的发展，成为时代华彩乐章最好的注解，更讲述着一篇篇精彩的上海故事。

慢船长话：苏州河二题

汤惟杰
同济大学人文学院副教授

我曾经半开玩笑地跟朋友说，我所居住的虹口是上海的双重“左岸”，从地图上看，无论是黄浦江还是苏州河，虹口都在它们顺流方向的左侧。

苏州河一直离我很近，属于“走走就到”的距离，而有时候，它跟我们的关系就好比隔了三两条里弄的街坊，数十年里你几乎天天能遇到，可从未说上过哪怕一句话。而她也在岁月的流逝中变幻着潋滟光影，譬如，20世纪90年代初，我们还在欢呼苏州河口建起了按“千年一遇”防洪标准修建的吴淞路闸桥，而在新千年的第一个十年当中，我们又目睹了这座桥悄悄地被拆除，此时任凭哪位“子”在河边，都得再次高呼“逝者如斯”啊。

2020年6月上旬，澎湃新闻《城市漫

步》栏目的小伙伴给了我一个惊喜，他们组织了一个苏州河漫步小组，并且把首次活动的机会授予了我，让我跟一小队爱好城市漫步的朋友沿河信步，分享我眼中的苏州河及其沿岸的人文图景。我们从外白渡桥北堍的浦江饭店，顶着大日头，一直走到了临近河南路桥的河滨大楼，当中还一度从乍浦路桥跨河去转了一圈。我分享了两个话题：虹口视野中的苏州河、苏州河与中国早期电影业。

犹如慢船长话，且让我们款款讲来。

虹口的香蕉船

大概五六年前吧，从上海大厦东侧沿大名路往北走，路西一排过去是几家餐饮小门面，不知哪年就开了、也许招牌哪年就换了的“湘雅阁”“火锅四川烤鱼”“上海特色小吃”……门面好看难看暂且不论，如今也都拆掉了。再走两步，左手就是一条小横马路，你人在它东头，西头通吴淞路。

这条路叫福德路，长不过一百米。如今路北边是家化金融大厦，寒假里走过此地，依稀有些印象，以前应该专门来过此地一回，什么缘故到底记不起来了。回家整理书桌，看到底层抽屉里放的那台“飞鱼”，哦，上海打字机厂服务部，两个字母按键靠得太紧，曾经拿去让师傅校过一校的。

服务部已然陈迹，服务部之前更不会有多少人记得。

不会有多少人知道，此路形成于19世纪60—70年代。

此地有粤地商人开的水果行、地货行数十家，因此福德路一度是上海人口中的“广东街”。那个年月香蕉在江南一带还相当罕见金贵，广东商贩把一船船香蕉运到上海，就在离此地不过两三百米的苏州河边售给福德路上的广东水果行老板，为了保鲜，香蕉启运时还是生的。

不妨假想，香蕉船来的日子，苏州河两岸的本地人会看到停靠在岸边整船奇异的果实，一串串弯垂的青绿玩意，途中有些被焐熟而带了些浅黄，散发着陌生而好闻的气息。船上跟岸上讨价还价的双方，都操着本地人不懂的口音。过不了多久，这些大串的果实便在福德路的行栈里加工成熟，青绿变成嫩黄，分销到全上海甚或临近城镇的水果摊、水果铺上。

运到上海的不只是香蕉，而这些广东人里头，对水果之外的事物感兴趣的也大有人在。

光绪十一年（1885），广东海南文昌籍的宋嘉树被美国教会派回中国传教，两年后他与住在虹口朱家木桥的本地教徒倪桂珍结婚。因薪水不敷家用，宋嘉树改教阶为本处传道，不再领取教会薪水，亦可不受其差遣。他与妻子在家中自办印刷所，承印圣经和《万国公报》，因以致富，他们夫妇在朱家木桥（在今东余杭路）新建了宅邸。他的印刷所还为海外的华人政治组织印制宣传品，这些组织的领导人，也是宋嘉树的朋友，叫孙文，后来成了他的女婿。

也许，香蕉交易中心的商贩和临时大总统的岳丈都是特例，而四川北路永安里的广东人，倒是标准的沪版广东人样貌。这一三层砖木结构的新式里弄，建于1925年，共有187个居住单元，较之于老式石库门建筑，它在营造上采用了现代机制砖，天井围墙减低，卫生间配有三件套洁具，起居室还专门设计了壁炉……永安公司兴建此里弄原为出租盈利，抗战胜利后其中一批住宅被永安公司用作中高级职员宿舍，而整条里弄近半数住户为广东籍人士，他们在本地住户中，一般均有着更为良好的受教育程度、专业技能和薪酬待遇，当然也享受了更宽敞的居住空间（1948年统计数字为人均居住面积14.5平方米，而当时上海的人均居住面积为3.9平方米）和生活质量（四成家庭雇用了保姆）。

如今走在四川北路上，不会有太多的人想起，这里曾走着吴趼人、胡蝶、阮玲玉、简照南、简玉阶等广东籍名人，在1930年前后，每100个虹口人中，就有17个籍贯是广东，而虹口一度被称作“广东人的第二故乡”。

在70后一代的虹口人印象中，皇上皇食品店、新亚早茶和广茂香烤鸭是为数不多的岭南余响，至今记得这家名字古怪的食品店里，有卖中间嵌了一颗半透明猪板油的鸡仔饼。不过如今，它们全像苏州河中的香蕉船，不知去往何处了。

光影中的苏州河

2021年10月，娄烨的《兰心大剧院》正式公映。在这部情节迷离的戏中戏里，巩俐饰演的大明星上场，甫一下车便入驻一所豪华酒店。那个门面类似外滩的和平饭店，而内景却是在隔着外白渡桥、位于苏州河河口的浦江饭店，当年的礼查饭店内。

无论有意无意，娄烨把影片的取景地放到这里，让电影跟“礼查”再一次交汇，而电影初到上海的第一站，便是礼查饭店。

◀ 1911年的礼查饭店西南立面，位于黄浦路和百老汇路（今大名路）口

若干年前，研究早期中国电影史的学者惊喜地发现，1897年5月的英文报纸《字林西报》(The North-China Daily News)上，刊载了上海最早的电影放映的消息：一位名叫哈利·韦尔比·库克(Harry Wellby-Cook)的洋人，携带着一台叫做Animatoscope的新奇机器来到上海，他入住礼查饭店，便先在礼查开始了收费的展映，首次放映是在5月22日晚上9点，而在此之前，《字林西报》头版上已经做了一周的预告。

放映引起了轰动，亲临现场的《字林西报》记者也做了报道，在店中放映多日之后，库克为吸引更多中国观众，便将地点改到了张园继续放映。而在那之后，嗅到了商机的更多欧美人纷纷带着各自的电影机械和胶片来到中国，开始了他们的赛璐珞淘金之旅。而中国最早的电影业，也在苏州河河口北侧这栋饭店里拉开了帷幕。库克也许不知道，在他放映的十年之后，离此往北不过两三百米的地方，有四五家影院先后开张，虹口的乍浦路—北四川路—海宁路成了上海最早的影院集结地，一时间“过河看影戏”成为上海人最时髦的娱乐方式。

娄烨跟苏州河有缘，他的成名作《苏州河》(2000)里，这条河上过往的女子，都跟片中的牡丹或美美一样，有一种让人困惑而又迷醉的感觉，这大概是娄烨心中的上海。

作为70后一代，我赶上了看到娄烨眼中那条苏州河的时间。在我们读中小学的年代，苏州河有着不同于时下的声色，河里终日行驶着各色船只，木头的、水泥的，还有“突突突”的机帆船。傍晚时分，有些停泊在近岸处的木船上，船家开始准备晚饭，船头的小炉子也飘起几股细烟，女人们一边扇几下炉子，一边呵斥身边玩耍的小孩，一边还解开几粒衣扣给怀里的婴儿喂奶，正过桥的学生仔脸上不免有点发烫。船上的人跟岸上桥上的人对视之际，都觉着对方的生活有那么点神秘。

彼时的苏州河，河水一年当中少说有半年是黑乎乎的，泛着腥臭，尤其沿河不少地方是环卫所的垃圾码头和粪码头，从远郊和邻省来的船里面，有的就是来运粪肥的，那时候的上海还没学会、也顾不上遮掩沿河的这一

EMBANKMENT APARTMENTS AND BRIDGE　　Photo by Chen Chuan Lin

▲ 上海苏州路河滨大楼及河南路桥旧影（《建筑月刊》1933年1卷12期）

切。特别是外白渡桥到河口这一段是个奇观，一边的水是黄的，另一边发黑，让经过的人有些不知所措。

彼时的我们，常常在放学后经过苏州河畔，我们见过斯皮尔伯格在那一片取景拍摄《太阳帝国》，但那时候的我们并不知道，身边经过的那些房子，同样跟电影有关，比如河滨大楼。这栋20世纪30年代中期竣工的公寓建筑，在品质、设备上确属当年“海上华屋、无与伦匹”（《时事新报》语），同时，它也是整个30年代上海建筑规模最大的公寓住宅。

除了那些个人住户，如果我们能去考查一下河滨大楼的机构租户的话，会发现这个清单中不少是电影史上耳熟能详的名字。

入驻河滨大楼最早的两家电影机构是联利影片有限公司（Puma Films, Ld.）和联合电影公司（United Theatres）。这两家是有着密切关联的电影机构，都和电影经营家、英籍华人罗学典（英文名Lokan，一般译作“卢根”）有关，《上海电影志》这样介绍他和他的电影公司：

> 英籍华人罗学典，外文名卢根。热心于电影事业，早年开设联利影片公司经营西片的发行业务，掌握卡尔登、光陆、上海、融光、巴黎、华德6家影院的排片权。1932年，他和中外钜商数人，发起组织联合电影公司，募股额白银300万两，计划收买上海及外埠大电影院至少40家的管理权，其他70万两自

> 建摄影棚，自制影片。但实际经营是用了110万两重建新大光明（原来的大光明开业于1928年6月，1931年11月辍业）。……（新大光明）1933年6月14日开幕……联合电影公司后又收买了国泰、卡尔登两家影院。又有融光（今国际）、上海、巴黎（今淮海）、明珠、华德等几家中小影院，拥有8家影院的管理权，是30年代上海影院业最大的势力。1933年9月，因债务纠纷，被美国按察署派员接收了大光明、国泰、卡尔登。其他影院也脱离联合公司。

河滨大楼里最多的是好莱坞电影公司的中国分支。当时的好莱坞八大公司，只有派拉蒙和二十世纪福斯公司两家在上海没有入驻过河滨大楼，他们的办公地点较长时间设在河对岸的光陆大楼，同样靠着苏州河。

除了几大好莱坞公司，还有一家名为Film Board of Trade（China）的机构也设在河滨大楼，从担任主要职务的几位成员同时也是环球、联美、哥伦比亚和二十世纪福斯公司的负责人这一点来看，这就是美国电影业协会的中国分会。

这些机构的业务在太平洋战争爆发到抗战结束之间近四年陷于停顿。抗战胜利后，欧美电影机构在上海的分公司也纷纷复业，这其中不少机构选择了战前的办公地。

如今，不少影迷会来虹口找寻早期电影文化的遗存，徜徉在这幢年届九旬的建筑近旁，人们不禁会想，这片沉默的石头里收藏了多少开麦拉故事啊！

胶片时代的苏州河

陆元敏（摄影家）

编者按：2020年5月20日，我与时为澎湃新闻记者的好友沈健文一道拜访陆元敏老师。健文和我分别带了中、英文版本的《苏州河》，想在“沿苏州河而行”项目开始之前，和陆老师一起阅读这本影集，倾听陆老师当时拍摄苏州河时的记忆和感受。我们每翻一页，陆老师就跟我们讲这是在哪里拍的，在哪一座桥，附近有什么设施，画中人物、场景是怎么回事，并追忆他最初开始拍摄苏州河沿岸的契机。我们还就此发现了中、英文版本的《苏州河》在图片排序上的些微差异。

陆老师重温《苏州河》之际，对于我和健文来说，是预习苏州河漫步，我们对那些桥建立了初步的印象，河岸附近已经消失的码头、渡轮站、厂房、仓库，则是我们在即将开始的漫步中有待定位的时空坐标。我们发现最大的变化还是苏州河上没有了船家和他们的乌篷船，河岸边也没有了码齐的货物，运来的草纸、黄酒，准备运走的废品、家具，河岸附近的生活空间也发生了激烈的变化，低矮的棚户区变成了高层电梯公寓。当然，视觉所无法揭示的可能还有气味，河道治理让河水变得不再污浊，不再让人掩口鼻而逃。

虽然我在诸多的资料中读过关于陆老师拍摄苏州河的故事，但这一次还是第一次亲口听他讲。他在我心目中是一位步伐潇洒、轻盈的摄影家，几乎不为摄影所累，拿起相机大多是因为乐趣，好白相（沪语，好玩），拍摄苏州河的出发点也并不是记录即将消失的上海市民的生活景观，而只是顺路、便当，上下班和午休的必经之路，自然而然就拍起来了。以下口述，经当时的录音整理、选编而来，在以往资料之外，为陆元敏老师拍摄苏州河的经历提供了另一些注脚。

拍苏州河的缘起

我的单位就在曹杨新村，在住宅区旁边。曹杨新村是两层或三层的房子，我的单位是平房。后来就拆掉了，建了一幢比较高的楼。当时（普陀区）文化馆是曹杨那里最繁华的一栋楼了。其实文化馆对这里的繁荣起了很大作用，让这个地方热闹起来。文化馆和工人文化宫不大一样，一个是文化局系统的，一个是工会系统的。名字很像，还不大有关系，当时做的事情差不多。文化宫以（服务）工人为主，文化馆面对教师、医生，职业面向范围更广泛一些。

四点半下班，下班回家有时候（骑自行车）走武宁路，有时候走曹杨路。那是两座桥，平行的。我经常换换路线、调调胃口。下班后在苏州河的一侧走，过了桥才能到市中心。路线完全是穿过工人的住宅区，尤其是走曹杨路桥。曹杨路桥其实就是江苏路桥，曹杨路和江苏路是一条路，不过桥叫江苏路，过了桥就叫曹杨路了。从江苏路再穿到复兴西路，现在那里是最具原法租界风味的地方了。这条路线完全是从工业区到最好的地方。

那个时候拍苏州河，就是想着有这样一件事情可以做，有个地方可以拍照。不是因为察觉到这些东西要消失了才拍的，完全是为了打发时间。要想找什么地方去拍照，蛮烦的，那索性就沿着河拍。

当时大多数被拍到的人都没有什么反应，因为在这种地方人们都不大会注意你，大家都在忙自己的事情，不像说在弄堂里面，人都很悠闲，但在这里人们都不会理睬你。所以这里也是一个特别好拍照的地方。小孩见到我拍照就会老开心了，他们从一艘船到另一艘船这样去串门，其实蛮有趣的，现在想想可能是胶卷的关系，所以就没有拍太多。放到现在用数码相机肯定会多拍，这么一个好玩的地方。当时也没有想到以后会有什么样的变化，就今天拍拍，明天拍拍。

第一次拍苏州河是大家一起去拍的，在铁路桥附近，我们有四五个人。有一张我们的合影：我、顾铮、王耀东、陈海汶，还有一位朋友。照片的底片是在陈海汶那里，我是看电视才看到这张照片，想到当时还留了个纪念。我们当时是先到顾铮家里去玩，他就住在附近，然后大家就一起去拍照了。我带了全套的（镜头）：广角和长镜头，后来就（主要）用一个35毫米的镜头。1991年开始，到1995年、1996年拍得最多。基本上都是沿河而拍，没有拍远离河边的小街巷。如果到弄堂里面拍会拍到更多的人，但是我觉得那样一来就与河的关系不大了。

苏州河上的桥

苏州河的河堤特别高，高度还不一样，感觉是越往西河堤越低。河堤低，看到河面就会轻松一些。在河堤高的地方，大都是在桥上拍的。东面的桥都比较热闹，越往西越冷清。

我去得最多的还是河南路桥和浙江路桥。这一段河比较难拍，拍到人了吧，但是没桥了。如果正好能拍到河、桥、人都有，就蛮好。河南路桥的桥墩特别好看，尽管被撞坏了。当时铁桥还有四座——外白渡桥、浙江路桥、新闸桥，还有一座铁路桥。现在还剩下两座。铁路桥变成了（地铁）三号线、四号线的一个站，差不多是镇坪路站。铁桥总归是漂亮的，走得多了就渐渐发现了这四座铁桥。浙江路桥是最好看的，比外白渡桥还好看一些，浙江路桥比外白渡桥稍小一些，经过的人又特别多。

乌镇路也是特别热闹的，都是做废品回收生意的，也是外烟批发的地方，都是走私来的香烟，万宝路也都有的。福建路和山西路那两座桥长得都差不多，特别容易搞混，我也搞不清楚是哪一座了。后边的楼基本上都是仓库，现在即使尚存，可能外观也有改变了，岸边的平房后来都拆了。

以前，不值钱的东西就靠水运运输。比如草纸，当时还没有卷筒纸，都是用草纸。在河边上放着，是因为它们是用船运过来的；放在岸边，可能再运到各个小店里面去。草纸特别粗糙，里面还有没打碎的草。上海那时候还有特别多的旧家具，都是淘汰的家具。那时候上海开始居室装修潮，有段时间大家把旧家具都更新了。卖掉的家具也要通过苏州河来运出去。手工做的家具也不是说不能用了，只是说不时髦了。

曹杨路桥，旁边都是卖水产的，湿漉漉的。堤岸被搭成房子卖鱼，屋顶就和河堤一样高。曹杨路是最热闹的地方。曹杨路桥还有一个叫法——三官堂桥，三官堂之所以出名是因为批发活鸡。武宁路桥以前旁边估计是一个面粉加工厂。船把材料运过来，不用卸货，直接从斗里跨过去运进厂。铁路桥，底下行船，上面过火车，这里是特别有意思的地方，桥旁边是华东政法学院。强家角摆渡口是最后一个摆渡口，90年代末拆掉以后就建了强家角桥。渡船的票价很便宜，好像才几分钱，路程也很短的。

四川北路桥附近的邮政大楼，现在屋顶花园是开放的，但是上面还有一个尖顶塔楼现在是不允许上去的。当时是因为单位开了介绍信，就上去了。这个塔楼是个制高点，很漂亮，也总算是有个机会可以拍张照片了。过了四川路桥就会发现，这段四川路现在好像特别冷清，过去这里都是很热闹的，不知道怎么回事，好像是有一次改造过后就一下子冷清了，现在要到山阴路这里才比较热闹。

西藏路桥，过去我们都知道的，叫泥城桥，在四行仓库旁。叫泥城桥是因为当时这里有一个煤气包，上海唯一的煤气包，特别大的一个，据说是远东最大的煤气包，现在都拆掉了。

江宁路桥这里是苏州河最好看的一个弯，幅度最大的一个。江宁路桥后面这座建筑就是上海造币厂。金宇澄老师特别多地描述过叶家宅桥，他好像对这座桥特别有兴趣。这座桥现在也变成"巴黎式"的桥梁了，像是武宁路桥的缩小版。

在这次会面中，陆元敏老师还特别推荐了一篇文章，供我们更多了解20世纪90年代苏州河两岸的场景，尤其是苏州河流经普陀区境内的各座桥，这篇文章就是金宇澄

▲ 陆元敏《苏州河》摄影作品之一

▼ 陆元敏《苏州河》摄影作品之二

▲ 陆元敏《苏州河》摄影作品之三

▼ 陆元敏《苏州河》摄影作品之四

老师的《此河旧影》，收录在《洗牌年代》中。陆老师形容“写得特别好，特别特别好”。我相信两位文艺家、上海资深市民，都将自己对苏州河的印象以自己擅长的方式，图像或文字，定格、刻画了出来，并试图向后来的人讲述他们的所见所闻。

（本文由陆元敏口述，姚瑶撰文，李嘉源对本文的撰写亦有贡献）

我在河滨大楼“做田野”

陈仲伟
历史学研究者

2015年至2017年，我几乎每个月都来上海出差，住在苏州河边的一家青年旅馆，常常沿着苏州河慢跑。由于之前在美国攻读历史学硕士时，论文以犹太移民史为题，河滨大楼因其在二战中作为犹太难民抵达上海第一站避难所吸引了我的注意。2018年，我决定在上海长住后，就在河滨大楼租了一个单元作为会客厅与田野调查的落脚点。随着我进一步发掘资料，发现这里简直是一座“富矿”——大楼居民多元化的构成以及流散在全球的网络令我着迷。

以河滨大楼社区作为研究对象

1943年开埠以来，随着城市化进程，

上海的居住形态日趋多元，从低到高进阶可分为弄、里、坊、邨（村）、公寓、花园、别墅等，加上1949年后“工人新村”等居住方式的出现，由此产生了不同的社区样态。

1949年之前，城市化迎来了几轮地产热潮与建筑技术和设计风格的舶来，总计超过100栋现代公寓大楼落成在上海，为全国数量之最。河滨大楼诞生于20世纪20年代后新一轮城市化与地产业的黄金时期，始建于1930年，1932年建成。

大楼的居住资源相对较多，在1978年加筑3层之前，不算底商和一层办公区共有194套套间，在当时被誉为“远东第一公寓”。商住两用的性质与保姆房的配置，使得河滨大楼的居住与办公群体足够多元。同时其交通便利性与上海作为国际海路交通枢纽的优势一致——大楼毗邻苏州河，两侧分别有河南路桥与江西路桥（1942年拆除），河南路直通老上海火车站（北站），且临近若干内河及远洋客货码头，便于水运。

大楼配有2个大堂、11个出入口、9部电梯与7个楼梯、停车场、花园、泳池、河边步道等，形成了公共空间，使得社区成为可能——在1937年淞沪会战及1949年解放上海战役期间，河滨大楼的住户自发组成了治安队。

自建成起，河滨大楼的运作方式类似于酒店式公寓。1949年之后，随着沙逊家族无力承担税赋，将在上海的地产抵押给政府清偿，河滨大楼改由房管所分配居住空间，直至20世纪90年代末房管所开放大楼产权的交易。

因此，历史上河滨大楼的居民具有一定的流动性，又不同于酒店的流动不居。选择河滨大楼作为研究对象也是因为它在一定程度上代表了上海居住形态的多元化。

1949年之前，河滨大楼的租客是外资业主、外资设计事务所、外资物业，居民也以外国人为主，因此当时产生了大量关于河滨大楼的外文文献，包括英文、德文、日文、西班牙文与葡萄牙文等，呈现出其全球化的特征。这栋楼反复出现在回忆录、口述史、旧报刊（含广告）、线上拍卖的信件和一些文件中（如法庭文件、工部局警务处的记录、商业文件等）。我的研究便是从收集文献材料开始的。

对这栋楼的居民历史的梳理，被置于近代上海史的视野中，将地方史聚焦于有限的空间，并置于全球视角来考察。我好奇的是，曾经的住户构成，其商业网络与组织传播网络，如何参与到上海之为国际港口与中国现代化的桥头堡的进程中。

河滨大楼90年：全球化网络中住户的变与不变

河滨大楼由于其先进的设施、庞大的体量和具有战略性的位置，时常作为胜利者的战利品，但它也曾是避难者的栖身处，两者身份的转换通常只在几年间。同时各方权力的博弈与演化、各方之间的关系，乃至政权的建立与巩固可以通过基层微观居住单元来窥探。

尽管如此，在过去90年，居民群体有很多特征是具有延续性的。

河滨大楼大多外国居民是工部局、海关职员以及普通管理人员、个体专业人士与商人，少数公司所有人（如永裕洋行），其服务机构多位于外滩一带或北外滩港区（今国际客运中心一带）。不少外籍媒体人由于位置与交通的便利也选择在河滨大楼居住。

1932年8月末，先后供职于《大美晚报》与《大陆报》，并在上海创办英文《中国论坛》杂志的美国记者伊罗生（Harold Isaacs）搬入河滨大楼204室，成为首批住户，并迎接未婚妻来上海。1934年3月末，伊罗生离沪去北平。根据《鲁迅日记》和伊罗生的回忆录，鲁迅曾多次来这里造访，并被伊罗生介绍给多位外国左翼人士，如法国国会议员、作家、法共党员瓦扬-古久里（Paul Vaillant-Couturier），美国诗人休士（Langston Hughes）等。伊罗生后来成为麻省理工学院政治学教授，1934年组织翻译编辑由鲁迅、茅盾选编的中国短篇小说集*Straw Sandais*（《草鞋脚》），该著作于1974年由美国马萨诸塞州工学院出版社出版，是鲁迅较早的英文版作品集。

与伊罗生同时入住的还有《纽约时报》首席记者安培德（Hallett Abend），他的房间在当时顶层的901室，可360度环视上海。

《鲁迅日记》笔下的另一个人物汉堡嘉夫人——鲁

特·维尔纳，因为帮助瀛寰书店（Zeitgeist Book Store）组织了一个凯绥·珂罗惠支（Kaethe Kollwitz）的作品展览而结识了鲁迅，这家书店一直在河滨大楼附近，其店址先后有北苏州路130号、四川路410号（惠罗公司）楼下。瀛寰书店店主是Irene Petraschevskaya，德国哥廷根人，德共党员，与武兆镐相爱后，改名武漪莲。1925年8月，她随武兆镐赴莫斯科，先在中山大学旁听，后到共产国际工作。根据工部局警务处的记录，她同样住在河滨大楼。

从居民国籍来看，以来自英国、美国、西班牙、葡萄牙为多，其次是俄国（含无国籍俄裔及俄语犹太人）、法国、德国（含日耳曼化犹太人）、意大利、日本——除了太平洋战争期间，是以中立国、无国籍侨民与轴心国尤其是日籍侨民为主。

由于河滨大楼属于中东塞法迪犹太沙逊家族的产业，1938年随着大量犹太难民逃往上海，河滨大楼用于商业的第一层曾被维克多·沙逊用于安置犹太难民约一年时间，容纳近千名难民，其中部分有职业技能的犹太人迅速执业或找到工作。1939—1941年间，仅在河滨大楼执业的犹太医生（含牙医）就有至少4位。

不同于《香港重庆大厦》所揭示的“低端全球化”，上海的全球化在河滨大楼里展现的是另一个版本。全球资本与舶来的摩登设计奠定了建筑的格局，居民的构成显示着上海对外开放的程度与在全球化中的角色，从租界时期的华洋等级壁垒到改革开放以来多元的外国企业家、白领来尝试自己的中国机遇。

1949年之后，经由房管所，河滨大楼主要分配给了南下干部、文艺界人士，以及其他专业类人士（如医生），作为统战对象的一种优待，另外还有原先已经居住在这里的资本家，以及中国籍洋行职员等。教育水平、社会经验与出身成分的相似而非多元更有助于形成社区，同时历次运动与“文革”，也团结了一些住户家庭。

曾任复旦大学校长、诺丁汉大学校监的杨福家教授曾住在4楼。1990年，复旦大学校长谢希德造访杨福家，劝他进学校的领导班子，3年后，杨福家获任复旦大学校长。河滨大楼曾经的住户仅以高校负责人计，这里先后曾住过东吴大学法学院院长吴经熊、复旦大学校长杨福家、上海体育学院（华东体育学院）创始人吴蕴瑞、上海水产大学创始人黄亚成、浙江农林大学党委副书记陈库佐、上海电业职工大学副校长吴众，甚至还有外籍的中欧商学院副院长、荣休教务长约翰·奎尔奇。

河滨大楼中住户的职业或爱好也存在群聚效应。1980年获得平反后，画家汪志杰授命组建华师大艺术系，他也住在河滨大楼。 大楼里住过的画家不止一位。画家夫妇陈佩秋、谢稚柳，1956年由河滨大楼迁居乌鲁木齐南路176号。陈佩秋、谢稚柳与同住虹口的沈尹默过从颇多，多是陈、谢拜访沈尹默家，当然沈尹默也来过河滨大楼。画家吴青霞与先生吴蕴瑞曾住在510室，20世纪80年代中期离开。

鉴藏家周怀民有一幅梅花作品题款：“俏也不争春，只把春来报。待到山花烂漫时，她在丛中笑。毛主席《咏梅词》。一九七五年五月，廉博同志正之（夏廉博，吴青霞外甥），怀民写于上海河滨大楼。”而周怀民之子、知名画家周国良是吴青霞的高徒。周怀民应该并非在河滨大楼住，只是出于多重关系，在河滨大楼完成了这幅作品并落款。

随着20世纪90年代后期房产交易放开，以及伴随中国加入世贸组织的进一步对外开放，大量外籍居民开始在河滨大楼买房或租住，2001年米氏西餐厅的创始人米歇尔·加诺特（Michelle Garnaut）最早买入，至2022年，有外籍居民超过100人（大楼居民共670余户，约2 000人），其中不少是业主。加诺特在2010年发起米氏驻地作家计划，直到新冠疫情之前，每年邀请1—3位作家来上海，其中至少有5位曾住在河滨大楼，结合居住的文化体验，出版他们的作品——美国作家杜瑞秋（Rachel DeWoskin）的小说*Some Day We Will Fly*以犹太难民在上海及河滨大楼的经历为背景，欧大旭的《五星级亿万富翁》以河滨大楼作为主人公从东南亚来到上海的居住场景，以及美国诗人顾爱玲（Eleanor Goodman）发表在《巴黎评论》上的*Embankment House*，*Lessons from a building in Shanghai*。这些作家与工作于此的秦瘦鹃、徐策等中文作家交相辉映，构成了河滨大楼的文学传统。

本杰明（Benjamin）来自德国汉堡，1834年至今，他们家族五代人从事海运，祖上的利克茂轮船公司坐落在外滩边的延安东路路口，他的伯父1958年曾随船来中国，成为第一位受周总理接见的西方船运大亨。他让意大利房东把房间清空，从德国订了一个集装箱，将所有的家当海运到上海。选择河滨大楼，是因为苏州河滨水景观让他怀想在汉堡的家，汉堡作为易北河、阿尔斯特河与比勒河入海口与因港口和贸易而兴起的城市，而河滨大楼靠近苏州河与黄浦江交汇处，上海与汉堡形成某种空间的互文。他的家颇富收藏，从音乐唱片到中国当代艺术品。

来自西班牙巴塞罗那的电影老师Odet则对虹口有很深的感情，她在河滨大楼住了十一年，她的家如同中国研究的图书馆。如果房东涨房租不太离谱，她打算一直住下去，如果要搬走，一定是去多伦路。

我造访的每个外国家庭都各具特色，从房屋设计到收藏，有些以藏书见长，不少如同东方主义的博物馆，或者以乐器为主。

在研究过程中，我与更多早年的河滨大楼住户相遇。小鲍威尔夫妇曾住在410室，当时小鲍威尔接替父亲主编《密勒氏评论》，而夫人Sylvia则在中国福利基金会担任宋庆龄的英文秘书，他们在这里有了两个儿子，我与其次子取得联系。他在这里待到了2岁后，随家人离开中国定居加州湾区，直到2017年再度来华旅行访问，重新回到这栋出生地拍照留念。当时一对中国夫妇担任小鲍威尔夫妇的管家与厨师，这对夫妇有一个8岁的儿子。小鲍威尔一家养了一条德国牧羊犬叫Koo-chem，每每夕阳西下时候，夫妇俩便带着孩子沿苏州河遛狗。

1939年出生的姜阿姨是如今河滨大楼居住时间最久的住户，她的母亲曾为英国人做保姆，而她则在1944年从闸北搬入河滨大楼2楼与父母同住。她对于大楼的自豪感溢于言表——那时候连门童与服务生都是白人，没有“阿三”的。我帮她联系上了她母亲服务的Thompson夫妇，夫妇俩从1938年一直住到1949年，夫人在今天位于外滩源的Franklin & Harrington律所工作，而先生则曾是工部局的巡警。由于她母亲和她都不会讲英文，关于外国人的情况只是她儿时所见与二手传说。由于她住得最久，陆续买下了共3间保姆房，其中一间辟为棋牌室，方便老爷叔老阿姨娱乐，那里也是河滨大楼各种八卦家常的集散地。像如今一样，外国社群与本地住户社群的交集仅在公共空间，如中国老人在小花园打太极引起外国住户的兴趣，随着年轻人的搬入，互动多了不少，尤其是开派对相互邀请。

在做河滨大楼口述史之前，我也拜读过陈保平与陈丹燕夫妇合著的口述史著作《武康大楼》，揭示出20世纪六七十年代在上海存在的抢房潮，我在河滨大楼也遇到了——同是曾在一套中合住的邻居，都有良好的教育背景，却对对方如何搬入以及两家为何没法相处的情况叙述完全相左。其中一位老伯L曾经是上海某厂的副厂长，另一位先生的父亲则是该厂总工程师，前者依仗当时的政治立场（派性）从后者在河滨大楼分配的整套房屋中要到一间，由于前者30岁出头政治上当红，而后者是旧官僚家庭背景，当时也就忍了下来。然而冲突从厂里到家里，日常生活中敌意无处不在，最后只能共同把房屋租赁出去。可惜，因为分租的居住体验不佳，回报较低。

早年分配获得房子的一代有他们的骄傲，有良好的教育和家庭背景，对于2000年以来买入的一些新富们骨子里并不一定看得上。“我们当年大楼如何如何”成为一种无意识的口头禅，使得大楼的居住社群混杂，业委会很难能被召集起来。

随着七浦路服装市场一度繁荣，与七浦一街之隔的河滨大楼，曾有很多七浦市场的打工仔打工妹群租，很多房东关照中介不能租给七浦打工人。

阶层的再生产依然存在。高考恢复之后，保姆房长大的子女通常未能通过升学改变命运，而考上四年制大学本科的往往是套房的孩子们，而他们中很大一部分后来通过念书或者工作出国，不少居住在河滨大楼的老年人成为子女在国外的空巢老人。

与时俱进，融入城市公共生活

为迎接2010年世博会，河滨大楼的外立面得到翻新，而2020—2021年随着上海市政府对“一江一河”概念与北外滩品牌的塑造，河滨大楼经历了另一次更大规模的修缮。正是修缮过程，让大楼现在的居民们建了微信群一起沟通在修缮中遇到的问题，上一次这样规模的居民互动还是徐策的小说《上海霓虹》出版，让在20世纪六七十年代有着“文革”与“上山下乡”共同经历的老住户们重新在线上团聚。

河滨会客厅也被纳入了虹口区创新社区治理品牌项目“虹馨工程”，为了营造一块满足居民与市民文化、社交需求的公共空间，区政府及街道、居委会多次邀请河滨大楼相关的研究者一起开讨论会，优化与修正方案，让承载了“一江一河”历史记忆的河滨大楼被更准确、全面地展现给公众。会客厅的运营将由专业的第三方社区营造机构来操持。

未来在河滨会客厅里，将有更多的故事发生。

▲ 2015年，河滨大楼外观（摄影：周炼）

▼ 2015年，从河滨大楼窗口远眺（摄影：周炼）

浦江饭店里的“红马甲”

胡平
上海证券交易所原交易员

外白渡桥北堍，黄浦路15号，坐落着中国证券博物馆。2018年元旦前，那里是著名的浦江饭店，它的前身礼查饭店是上海最早的西式旅馆，曾第一批使用电灯、自来水、电话等市政设施；上海第一次公开宣传、售票，并且有明确片名的电影放映活动也在那里举行，饭店还接待过英国哲学家罗素、著名科学家爱因斯坦、喜剧大师卓别林等国际名流政要。

2020年夏天，我跟随澎湃新闻“沿苏州河而行”活动参观中国证券博物馆，认真欣赏了这栋具有新古典主义风格的建筑。我拍摄的最多的是它的钢窗、彩色玻璃、楼梯、浮雕等细节。走入曾经被誉为“远东第一交际舞厅”的孔雀厅，看到由弯曲细木手工拼接而成的大型弧状拼花地板，留有西班

▲ 2006年，浦江饭店外景（摄影：戴焱淼）

牙建筑师拉莱丰（Abelardo Lafuente García-Rojo，现译拉富恩特）签名的白玉罗马立柱，我不禁感叹，自己虽然曾经在这个空间内工作，但那时可能太年轻，从未特别留意这些。

经过修缮，华丽、亮堂的孔雀厅已经与我记忆中的大不相同，没有此起彼伏的电话铃声，也没有老旧的工位、座椅，笨重的电脑显示屏。1990年，新中国第一家证券交易所——上海证券交易所在孔雀厅正式挂牌开业，直至1997年底迁至上海证券大厦，那里是金融业瞩目的焦点，见证了新中国证券市场的诞生、发育和成长，也见证了20世纪90年代上海城市的快速发展。

▲ 1995年，上海证券交易所交易大厅，浦江饭店孔雀厅（摄影：朱岚）

1994年至1997年，我是证券交易所里的一名出市代表，代表福建兴业银行派驻交易所工作。因穿红色工作背心，交易员又被称为“红马甲”。距离自己上一次进入孔雀厅已经时隔23年，厅里开设了中国资本市场改革开放历程展，并模拟当年交易厅内的场景摆设了一些座椅。看到厅内身着红马甲、黄马甲的“模特”，曾经在那里发生的故事，又历历在目。

成为交易厅里的“红马甲”

上大学时，我读的是国际金融专业。1993年，因为证券行业缺乏人才，学校开设了证券专业的选修课，本着“多懂一门专业肯定是好事”的想法，我选修了证券课程。

到了毕业分配的时候，国际金融专业的学生几乎都会去被视为“金饭碗”的银行工作，但我觉得，银行的工作比较机械，也免不了论资排辈，而我想做更具挑战的事情。正值兴业银行开办证券业务部，来学校招人，于是我成为我们那届唯一一个进入证券行业的毕业生。

1994年，我作为公司的场内代表在交易厅里工作，在那里认识了形形色色的同事——有从超市、图书馆、商业单位等辞职来的，也有全国各地证券公司派来的——绝大多数都是年轻人。

年轻人选择从事证券，对新兴事物的接受能力较强是一方面因素，但最关键的还是收入。1994年，上海职工平均月收入大约600元，证券公司的工资在1 400～1 500元，比平均水平翻倍还不止。这样的吸引力让年轻人跃跃欲试，投身证券行业。虽然在当年，决定辞职、转行是需要勇气的，但是资本市场改革开放初期，大量的证券营业部成立，需要交易员，因此入行的门槛并不高，素质良好的基本都能应聘成功。

交易厅里，“红马甲”的座位一排排地围成一个“口”字，中间是“黄马甲”的工位。“黄马甲”是证券交易所的工作人员，负责管理场内秩序。一般来说，交易员的忙碌程度可以通过声音判断——场内键盘声、电话声此起彼伏，说明有行情了，大家都着急买入或者卖出。交易员根据报单员在电话里提供的买卖信息进行操作，所有的单子都是手工录入，如果出现差错，动辄五位数的损失在当时来说都是很大的数额，因此大家报单的时候都比较认真，基本都会复述一遍确保无误。但差错毕竟还是难免的，所以公司规定有差错率，在差错率以内的错单，不需要交易员承担损失。依稀记得我们公司当时的差错率是0.1%，也就是报1 000笔单子，允许出现一笔差错，但这笔差错的金额不能太大，不然交易员还是需要承担部分赔偿责任的。

现在回想起来觉得有些不可思议，当年交易员可以熟练背出几百个股票代码，平均一天输入1 200～1 500单。虽然偶尔会因为疏忽出现差错，但是就人工输入来说，出错率非常低，通常一年也就出现两三笔，应该说交易员都是非常有责任心的，年纪轻，反应也快。

空闲的时候，同事们会一起聊天，听大家讲故事，很有意思。我们早上9点到交易所上班，下午3点收市之后离开，中午跟着市场休市还有一个半小时的休息时间，虽然有时要回营业部开会，但整体工作时长较短，大家的幸福感比较高。

享受城市发展红利，看不同人生的跌宕起伏

印象中，上海证券交易所不止有在浦江饭店的一厅和二厅，在离饭店不远的闵行路上的一幢楼里也有交易厅，

总数在7～8个。作为公司的场内代表，除了固定的大户室业务，我也负责管理公司派驻入场的所有交易员。随着公司证券营业部数量的增加，场内交易员的数量也随之增长，我们公司的六七名交易员分布在五个交易厅，如果某一厅的同事请假，其他交易员会去顶班。

当年，我是第2031号“红马甲”，按此编号推测，接受过交易员培训的总人数可能有上万名左右。交易厅与交易员数量的增长直接反映了当时中国资本市场发展的速度，资本市场发展带来的企业成长和税收贡献也促进了上海的城市发展。90年代有一句话叫“一年一个样，三年大变样”——可以说上海的大发展与交易所的大发展是同步的。

做交易员的那几年间，令我印象最深的是1996年张江高科的新股申购。当年，每个证券账户都可以申购新股，而金融市场上普遍认为，只要买到新股就能赚钱，因此人人都要买，很多大客户一个人就用手上所有控制的几千个账户来“打新”。结果，因为交易太火爆导致交易所的电脑系统“瘫痪”了，交易厅只能轮流报单和打单。

我记得很清楚，那天我们加班到晚上九点半，打单数量创下历史新高。那也是唯一一次交易所请我们交易员吃晚饭，吃的是肯德基，大家很高兴。当时肯德基还属于要排着队去吃的洋快餐，离交易所最近的肯德基门店在外滩2号东风饭店，是上海的首店，现在那里是华尔道夫酒店。

在资本市场快速发展的那段时间里，交易员的工作让我们这些年轻人过上了比较小资的生活。一方面，工资高，加上证券公司利润不断上升，每年奖金也很可观。另一方面，交易员也会有一些额外收入。当时虽然禁止证券从业人员炒股，但是管理没有现在这么严格，交易员炒股的现象还是经常看到的。我刚入行时，邻座的交易员“前辈”就跟我打趣，说让我好好努力，赚了钱下班就能像他们一样出去玩了。

20世纪90年代流行唱卡拉OK、吃四川火锅，同事们通常3点钟下班后就去交易所附近的乍浦路、云南路吃饭，然后去唱歌。因为收入不错，大家对于吃穿用度都比较讲究。记得有一位老同事喜欢考究的穿着，他的爱好之一就是赚了钱之后去北京东路上的友谊商店（现在是半岛酒店）买衣服。

下午3点交易结束后，还经常会有客户等在交易所门口，请交易员一起吃饭、娱乐。在人工报单的年代，有行情时客户的盈亏很大程度上与交易员的“手速”有关，行情好的话，谁先抢到单子谁就能赚钱，因此大客户会与交易员保持良好的关系。

做交易员的那段时间，我体验了城市中最时尚的生活，也见识了人生的跌宕起伏。我接触过的客户里有本地和外地的上市公司的大客户，有炒外汇赚了钱的黄牛，还有不少是豫园路小商品市场里的生意人。当时公司在金陵东路有一个证券营业部，离城隍庙很近，因此有很多做小生意赚了钱的客人来投资。

那时的证券市场交易，每日股票波动没有涨跌幅限制，买卖当日到账（T+0），而且账号可以透支。这意味着只要在同一个交易日内平仓，不欠证券公司的钱，客户可以以小搏大。比方说，客户可以拿100万元买五六百万的股票，如果交易当日行情持续，就赚钱了。

收益越大，风险也越高，在证券营业厅，我们经常看到客户追涨杀跌。遇到股票连续暴跌，可能两三天之内，客户就赔光了本金。有的人前几天还在中户室，隔天就变成大厅的散户，再过几天可能连证券公司都不来了，因为没有钱了。对于在小商品市场做生意的人来说，投资的钱都是靠卖袜子、卖毛线赚来的辛苦钱，但当时的市场就是这么残酷，营业厅的中户室、大户室每过一段时间就会清理资金量未达标的客户档案，客户如果还要交易，就要到大厅里看大屏幕下单。相较于中户室、大户室每人一台电脑看行情，还有专门报单员服务的待遇，大厅里的散户只能看走字屏上的行情，十几分钟滚动一圈，行情火爆时可能会错过价格变化，而且在大厅里下单还要排队。

到90年代后期，随着资本市场交易量的扩大、股民人数的增加，上海证券交易所在1997年底、开业七周年前夕迁入位于浦东陆家嘴金融贸易区的上海证券大厦新址。新的交易大厅可以容纳几千人，但是，随着自助委托、炒股软件等服务技术的兴起和迭代，“红马甲”们也从重要的操作岗位逐渐转变为更具象征意义的标志。

1997年，因为公司的岗位调整，我离开交易厅，回营业部工作。2014年，我创立了私募基金公司，至今已经在金融行业从业28年了。现在回想起来，交易员时期的经历对后来我的生活观念多少有一些影响。

脱下红马甲之后，关注上海城市文化传承

30岁以前的我想着赚钱，喜欢玩，到了30岁之后，我慢慢喜欢上了老房子，这可能与我从小生长在上海这座城市，从小在弄堂里长大有关。因为喜欢老房子，买了老房子之后，要修旧如旧，我开始收集老家具，收藏了大量民国时期在上海使用的西式家具。2010年我在湖南路、靠近武康路处开了一家古董家具店，那时候武康路还没有成为网红。

近年来，我开始把更多精力花在海派文化的推广上。我用做金融获得的收益来支持自己的兴趣爱好，与一群志同道合的伙伴成立了民非组织——上海徐汇约莱老建筑文化促进中心。在推广老建筑的过程中，我发现海派文化的精髓是一种生活方式，也是与时俱进的精神，所以我们又组织成立了约莱海派文化俱乐部。

现在喜欢海派文化的更多是六七十岁的年长者，但是

只有年轻人接受了海派文化，才能够将其传承并发扬光大，于是我们正在努力通过年轻人更喜欢的方式，结合当下流行的衣食住行，将海派文化的精神传递给他们。

苏州河岸的发展也是展现上海海派文化的重要切面。小时候每逢寒暑假，我会去离苏州河边不远的北京东路外滩的爷爷奶奶家居住。奶奶给我报名了武术班，每天早上要去苏州河南岸的河滨公园（现中国石化第一加油站周围区域）练拳，我和她一起沿苏州河而行。现在我家住虹口，平时我上下班都会路过苏州河及其支流，这些年看着河水慢慢变得清澈，河岸边改头换面，多了不少植物并且适宜步行。

▼ 2017年12月31日，有170年历史的浦江饭店歇业前夕，众多市民、游客前来摄影留念（摄影：朱岚）

从前在交易所工作时没有仔细留意过工作场所，可能是因为建筑太老旧，也可能因为当时太年轻。更新成为证券博物馆之后，历史建筑的细节与价值重新体现，令我非常感动。

我一直觉得比起黄浦江，苏州河上更适合开通游船，因为两岸有大量的历史建筑，原来码头点位之间的距离也适宜，方便人们深入了解原汁原味的上海风情。最近，听闻2022年内上海将开通苏州河水上游览线路，我很高兴，期待这一浏览上海新方式的开启。

圆明园路97号的仲夏日与夜

朱鹰文
独立纪录片导演

我出生在上海，但是在南通长大。小时候每年寒暑假回上海，交通还是靠船运，从南通到上海要坐7个小时的客船，从长江慢慢开到黄浦江，再到十六铺码头下船，坐车跨过苏州河回到爷爷奶奶家。那时候浦东还没有发展起来，外滩是让人引以为豪的景点，每次经过外白渡桥就会挺兴奋的。外公外婆家也住在苏州河的附近，小时候经常会去河边玩耍。顺着乍浦路走，就到了苏州河。上海大厦、邮政大楼都是从小就熟悉的建筑，它们高大、浑厚，充满探索感，逐渐长大后我还会给小伙伴们介绍这些建筑的渊源。

回忆起来，2000年前后上海已经进入天翻地覆的建设时期。陆家嘴在20世纪90年代初期已经具备建设雏形，2000年前后浦西也开始了大规模的城市更新，苏州河沿岸也迎来很多更新的动作。

一次机缘巧合，我参观了登琨艳改造的苏州河边的仓库，发现用设计的方法和手段可以让老建筑焕发全新的生命。那次参观让我意识到，原来自己对上海的认识是那么肤浅和苍白，于是开始认真关注苏州河沿岸的生态和故事。了解每栋建筑背后的故事之后，我开始思考如何用新的认知去和老的文化做连接。

因为工作关系，我去过很多城市，伦敦、巴黎、纽约、京都、杭州、厦门、天津、成都、南京……发现很多地方都和水有关系，许多电影讲的也是城市和水网的故事，这些都很吸引我。后来，我干脆把家也搬到了苏州河边，每天拉开窗帘，就能看到静静流淌的苏州河。

城市的人情正在变化

《仲夏九七》是我拍的第二部纪录片。第一部是《秦关路十号》，讲的是一个烟杂商店的故事，我很喜欢这个故事，迷恋其中的烟火气和上海的人情。当时的故事都是在一个烟杂商店里面发生的，我陆陆续续拍了十多年直到它拆迁、消失。拍摄《秦关路十号》之后，我忽然意识到这种感觉和故事正在消失，拍完即历史的感觉很强烈，就想如果能找到类似的故事就先去记录它。

▲ 圆明园路97号的外立面

选择圆明园路97号有一定的巧合性。当时我在老城区里行走，寻找灵感和好的故事。有一天我登上了圆明园路97号的露台，有一群居民在露台上看着拆迁的友谊商店，背影有点落寞，有点不甘，有点紧张，有点无奈。总之，当时我在他们的背影里读到了很多东西。他们当时很紧张，因为正在谈拆迁的问题，所以对我这个外来者的警惕性很强，于是我就先去记录了友谊商店的拆迁。在这个过程中，他们发现我的焦点仅仅是友谊商店，就逐渐地放松下来。

居民很关心友谊商店的拆迁，因为那就像一种倒计时，在诉说，你们离开这里的时间越来越近了。一些居住在这里七十多年的老人心里有无限的惆怅，却无人能诉说，于是每次看到我去拍友谊大楼的拆迁时，便过来和我说他们的故事，还告诉我他们家里有更好的拍摄角度等。我这才发现，原来这里有那么多的人，那么多的故事。

圆明园路97号的空间是很复合的，该建筑1907年由英资公司通和洋行设计建造，最早是巴拿马领事馆，然后变成安培洋行，一到三层用来办公，四楼是公司职员的宿舍。新中国成立后，公寓楼四楼搬进了更多家庭，楼下还供公司办公使用，时光流逝，居住空间随着居民的需求复合，越来越局促起来。在我拍摄时，每户人家有三十平方米左右的使用面积。但它的布局像老上海的新式里弄，厨房、厕所都集中在公用区域，每户的灶台都在自己家门口，这样的布局就决定了居民的私人空间和公共空间的界线非常模糊。你需要穿过长长的走道，路过一家家人的灶台，才能来到水龙头前洗漱，说着话你就走进了另外一户居民的家中聊天，看着别家在做什么菜，决定今天自己家要做什么吃。

这种共融共生的状态现在已经几乎看不见了，而这

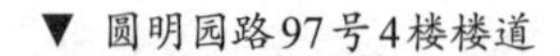

▼ 圆明园路97号4楼楼道

一切让我想起了小时候的集体生活。我小时候在大学的集体宿舍里长大，大家家里门都不关，随便串门，人与人之间的距离非常近。我时常想，人与人之间的关系到底该怎么样去丈量，随着成长，我发现答案就是人情。人情的远近、人情的冷暖是构建我们社交的基础，而当下的人情随着时间和空间的变化越来越疏离，小朋友已经很难理解原来人情的厚重，更多的只在互联网上亲密，在生活中疏离。

人性是自然，有人就有江湖

以前父母辈喜欢在桌子的玻璃下放老照片，每天都可以看到，一张照片就是一个故事。现在记录的手段多元化了，可以更完整地去记录一段过程，这点很吸引我。因为很多东西拍完就结束了，拍完就会成为历史，而每一段城市化进程的历史，注定要在回看中才能理解。所以当时没多想，我就直接开始拍《仲夏九七》，因为我相信记录的力量与价值，这样的社区生态在上海会越来越少，这样的人情是难能可贵的。

在2022年回看2005年的这个创作的时候，我觉得我做对了一件事情，未来，你只有从这样的纪录片里才能看到从前的人文故事了。

整场拍摄在很紧张的气氛中进行，因为对面的友谊商

▲ 朱业琬遥望友谊商店拆除后的陆家嘴

店每天都是机器轰鸣，拆迁不断，而97号的居民也在惶恐地等待拆迁办的约谈。身处上海最繁华的闹市区，却在准备离开，一切仿佛都没有准备好，对面敲击的声音每一下都像敲在居民的心里，对未来的迷茫，对现在生活的告别，对过去的回顾，都在这一刻汇聚在一起。

作为一个记录者，我很幸运在这个时刻加入他们。作为城市的一分子，我也感同身受，虽然居住的条件差了一点，但开窗看到陆家嘴，出门就是外滩，这种体验，尤其是在城市化的进程中，各大房地产开发商都在强调地段、强调区位的当时，反差是特别大的。在拍摄期间，我希望摄影机是一个容器，可以把这种复杂的情绪、复杂的纠结记录下来。

有人的地方就有江湖。圆明园路97号的四楼，也是一个小小江湖的缩影，这里的爱恨情仇，也让我颇为感慨。每个人的个性是鲜明的，有传统卫道士，有秩序破坏者，有的是上海姆妈的典型代表，有的是成功者云淡风轻，交错的关系是那么的复杂。七十多年的岁月沉淀在这里，谁是谁的丈母娘，谁是谁的妯娌，谁是谁的发小，谁是谁的麻友，汇聚到一起，故事就自然地发生了。

因为索要100万元拆迁费而被大家叫为“跷百万”的高建新，是一个送快递的小哥，按理说快递小哥是很忙的，但是我去拍摄的时候这位小哥在“休暑假”。按照他的说法是居住在圆明园路97号的人都是很需要生活的，那么热的天是没有办法上班的，需要在家休息，等度过夏天再恢复上班。他从小在大楼里长大，依靠楼里的大哥哥高邦明保护。高建新说，以前谁要是欺负了我，高邦明就把我驮在自行车前面出门，人家一看就不敢欺负我了。这个经历他说了大半辈子，所以当年的大哥哥高邦明直到现在都可以指挥他、指点他，他在楼里看似放荡不羁，见谁都要开几句玩笑，但是高邦明一说话，他都听的。只是以后就要各奔东西，所以这种情感在最后的连接就是大家一起去外高桥看看可能搬到的地方，看看还有没有靠得近的，看看当地买菜是否方便等，他们用一种戏谑的口吻和状态面对最后的分离。

朱业琬是高邦明等人的麻将搭子，也是楼里典型的上海女性，每天把自己打扮得漂漂亮亮的，以照顾老公和孩子为荣。大排骨红烧怎么入味，鸡汤馄饨怎么烧，馄饨馅怎么调好吃，是她每天津津乐道地和邻居们沟通的重点，于是乎她成为了楼道里的风景线，用心地在为家人准备每一份吃的，经过的邻居们也都要掺和进来：朱业琬，今晚吃什么呀，昨天的烤麸我也做来，阿拉老公也觉得很好吃的，哦哟，今天你吃馄饨啊，每天都做出花头来了闹，怪不得你儿子长了噶好，侬今天的馄饨啥芯子的啊，哦哟还有虾仁，这个虾仁是你自己剥的嘛？然后朱业琬就会不厌其烦地一一回答邻居们，再教他们怎么做，可以感受到这一刻她是很享受、很自豪地在分享她的经验，有的时候她甚至会说，今天做了有多，你拿个碗来装一点去尝尝。大方、心细、精致的上海女性就这么跃然而出，而当她在麻将桌上坐下来的时候也依然派头十足，风韵万分，不小气，不反悔，游刃有余地和大家周旋在游戏里，像极了掌控了一家子生活的上海老姆妈。

在拍摄的时候我常常感慨，艺术真的是来自生活，情景剧的脚本都没有办法写得那么有层次。一群职业不同、年龄不同、性别不同的人，聚集在一起生活了大半个世纪，有的人从小看到大，有的人从邻居变成亲戚，这种情感的羁绊是很难用言语描述出来的，而当离别就在眼前，大家都不那么纠结于眼前的矛盾了。

《仲夏九七》的开头是从楼道里的一场大吵开始的，

▲ 开始拆除的友谊商店

起因是大家经常在楼顶的露台搓麻将，因为快要拆迁，这一天，楼顶的吊灯电线被对面捡垃圾的人偷走了。主张关闭楼下大门的、大骂盗贼的、主张赶紧找替代电线的、主张今晚不搓麻将的，各种意见汇聚在了一起。吵闹几句后，有人来帮腔，“吵了那么多年了，以后要吵都找不到人吵了，搬家后关起门只有一家人了，要吵现在多吵吵”，话一说，大家就释然了。这么复杂、惆怅的情绪，到最后在97号就变成了一桌麻将，嬉笑怒骂都留在了桌子上。伴随此刻的，还有拆除友谊商店的工程车。

记录下的即为永恒

我从没想过窥视他们的生活，但是我如饥似渴地记录了这些时刻，因为我知道，这些镜头在这个时刻就成为历史，记录下的即为永恒。在此后的很多年里，我经常会回想起在楼上拍摄的时刻，那些邻居欢聚在一起的爆笑，那些回望陆家嘴时眼眸里的失落。

在过去的这些岁月里，中国的城市都在经历比较大的变化，我的小学、中学，爷爷奶奶、外公外婆的家都拆除了，找不到了，而很多时候，真的是连一张照片都没有留下来。拍片子的时候，我很清楚在这个阶段，也许我们做不了太多，能做的就是通过影像纪录让这个时间的切片留存下来，最起码，以后大家可以知道当时的人们是怎样生活的。在高层住宅的一家一户里，你永远不知道邻里之间的默契和亲情，永远不知道比外卖更快的是邻居端过来的一碗馄饨。

此外，我经常在想的是，北京的胡同拆完了，上海的弄堂拆完了，北京和上海的差别在哪里？在纽约，肉库区和皇后区诞生的音乐、文化是截然不同的，那么我们在变迁中留下的文化，沉淀的又是什么呢？对于这个问题我没有答案。城市更漂亮了，但是人与人的距离似乎变得更远了，文化似乎在简单地复刻过去，没有创造新的经典，那么城市化的进程和人文的进程会产生什么样的关联呢？这些是我好奇的。

现在我就住在苏州河边，这是一条新的苏州河，河水更干净，两岸的建筑也逐步在更新，我感受它的四季，关心它的故事。我去看了四行仓库的修复，看到很多地方的修旧如旧，这些对历史的维护，让我觉得城市的过去和未来是有连接的。看到了苏州河两岸的步道建设推进，每个区对它的不同设计都提升了亲水的互动性，我也经常沿着苏州河两岸行走，发现了很多不同的故事。人都是活在回忆里的，这些故事，让历史变得鲜活，变得厚重。

圆明园路我也去过很多次，和原来的破旧感已经大不一样，变得精致，少了几分沧桑，多了一些贵气，变成了高消费的场所——画廊、米其林餐厅、网红咖啡店。建筑的本身得到了延续，而其中的烟火气已经没有人知道，对面的友谊商店变成了半岛酒店，每天忙忙碌碌的。这些住在圆明园路97号的人们从那以后就各奔东西，生活在上海的各个地方，很难相聚。有那么一些时刻，我还挺骄傲的，曾经，我记录下了当时一些人的生活，那些人真正在这里生活过，凝望过。

青春在苏州河边

顾灵
艺术学者

在我对面有一座墙，河水流经那里
声音穿过河上的桥到达对岸
层层叠叠的影子，在昏暗的日光下消散
只有它见过留在这儿的我们

一

在我能想起的最早的有关苏州河的记忆中，奶奶家破败的棚户房子在苏州河边，我坐在爸爸自行车的后座上去看她。如果是落雨天，我就钻在他的雨衣里，透过缝隙，看到外面沿街高墙上加设的黑色、满刺的篱笆。一种浅灰色的疏落的心情，自行车往前，雨点往后。

▲ 2020年8月15日，建设中的“天安千树”（摄影：周平浪）

走进棚户前，需要走过一段会翘起来的石板路。如果是落雨天，踩上一块活动的、潮湿的石板，就会溅起脏臭的积水，雪白的小腿上沾了墨点，小眉头皱起来。空气里飘来河水的腥臭，夹杂着雨水的清香，混成一种气味的鸡尾酒，就像这段记忆一样，它们是从各个年纪的回忆中拼凑、调和出来的错误的印象。妈妈肯定地、不容置疑地跟我说，奶奶家并不住在苏州河边。

二

“苏州河”三个字就像记忆的锚点。我无法讲述关于这条河以及河边发生过的经过考证的历史或事实，我能讲述的都是我以为记得的事。这些事也只在我的回忆中能被“苏州河”这三个字唤起，它们与这条河的连接或许在你看来是稀松的，甚至毫无关系。然而对现在的我来说，“苏州河”三个字就像钥匙，如此精准地打开记忆的阀门。不多也不少，这三个字刚好能引出我对童年以及搬去深圳前在上海——我的家乡的岁月的记忆。

三

2012—2014年间，我在上海外滩美术馆工作，当时《TimeOut上海》做了一期“苏州河”选题，采访了几个跟苏州河亲近的人，我也是其中之一。摄影师为我拍了一张俯拍视角的肖像，好像是站在四楼抬头望向五楼回廊的姿势。

这期报道的电子版我没能在存档中找到，也不确定上海的家中是否留着这本实体杂志。但当时采访的内容我记得，开头肯定说到了前文提到的这段“错误的记忆”，说到了奶奶；然后谈到自己从2009年搬到M50对面的小区，就挨着苏州河，经常过昌化路桥去中潭路轻轨站搭三、四号线；到外滩工作后，几乎天天沿着河骑车上下班，单程差不多二三十分钟，顺着西苏州路到石门二路，前面是个大转弯，接着沿南苏州路顺河往黄浦江骑，一直到乍浦路桥，右拐进虎丘路。

四

如果要替换那段错误的记忆，其实可以说说在四川北路海宁路的外婆家。小时候，我经常来外婆家过周末。那个弄堂的主入口在原先的大祥百货商店旁边。临近傍晚，店门口烤里脊肉的香味总让我馋得流口水。还有个“秘密通道”，穿过商店隔壁的雷允上药房，走药房后门可以通到弄堂里，所以我对那段老弄堂的记忆还混杂着中药味。

弄堂离四川路桥很近，笔直走20分钟就能到苏州河边。童年相册里，有几张照片记录了某年过春节，舅舅、舅妈和表哥带着我、外婆和妈妈一起，从外婆家走去外滩看烟火。那时候的我，从来都是把苏州河和黄浦江连在一块儿看的，河水入江的场景与外白渡桥的形貌合在一起。后来，我在武进路的虹口中学念高中（原先的校舍是日本人开的一所小学，教室门都是推拉式的木结构，我毕业那年校舍被拆除，建了上海市第一人民医院的新院区，虹口中学也搬到新校址了），那附近的河南路桥和乍浦路桥也经常走。

离开上海前，我租了光复西路镇坪路一个临河小区的房子，房东是一对特别和蔼的北方夫妻，我非常喜欢住在那儿，很安静。有时候，出门沿着河滨步道散步，往右可以一直走到武宁路桥那边的家乐福，往左到宜昌路那里就可以去梦清园。有时候我也会沿苏州河晨跑。

现在回想起来，上大学的时候，我还在新福康里租住过一段时间，那里离恒丰路桥非常近。确实可以说，我是在苏州河边度过了十几年的青春。不过，很难说这是我主动选择的结果，好像我需要做的只是张开双手拥抱向我走来的人，一次又一次，人生的节点向我发出友善的邀请，而我点点头就乘上了下一班船。河水往一个方向流动，这样看的时候，两岸的风景原地不动。而当我沿着河迎风骑行，风吹动头发露出额头，我前进的方向跟河水一样、又或相反，风景则默默地后退，每每目送着我。

▶ 2020年9月13日，南苏州路待拆迁的里弄（摄影：周平浪）

五

苏州河边先后有过不少艺术和设计空间，大部分是老厂房改建，loft风格，遗留的工业结构加上当代的展陈空间。其中很多开过又关了，比如CREEK苏河艺术中心。不知为什么，我对楼顶红白相间的这几个字印象很深，这幅招牌跟这栋老楼、附近的垃圾站、光复路这个路名，还有水中招牌和楼的倒影，在记忆中构成了一幅完整的画面。

走进苏河艺术中心纯属闲逛时经过、偶然发现的。好像是高中的某年暑假，苏河艺术中心门口挂着抽象画的海报，进去之后，我发现这里面是个很酷的空间，天花保留了原本厂房loft的管道结构，浅灰的砖墙上打着专业的射灯。光复路423号，这栋建于1912年的老楼是荣宗敬、荣德生兄弟创办的福新面粉一厂的旧址。我上到二楼，发现有个很通透的平台餐厅，大排窗户把河两岸的景色尽收眼底。

那时，这间艺术空间好像还没正式开张，现场有两位工作人员，见到我有点诧异，他们向我介绍说，这里之后会是不错的西餐馆和酒吧，还有演出，但演出是实验性的。西餐馆、酒吧，这些对当时的我来说都很新鲜，也完全不知道什么是实验性、抽象艺术。多年后，我认识了艺术家李消非，某次聊起，才知道他是苏河艺术的创始执行馆长（不知在当时餐厅里偶遇的人里有没有他）。这个融餐饮、酒吧、艺术展厅于一体的综合空间由挪威华人袁文儿出资，其夫人丽莎任馆长，从2004年开到2007年，丁乙、徐坦、周滔、满宇等中国艺术家都在那里做过展览，上海顶楼马戏团的陆晨还做过演出。如今关于这段历史，只能在网上找到零星的几个网页。

说起苏河艺术，我记得消非总是无限感慨，从初创时的无限热情、到后来因房屋消防问题而产生的种种无奈，对他而言，这座空间标记了他的一段五味杂陈的艺术生涯。后来，在许多梳理上海非盈利、替代性艺术空间的项目中，很少看到苏河艺术的名字，或许因为它属于更早的时代。

六

M50是我非常熟悉的地方，我曾经在园区里的一家文化传播公司工作，在它对面的小区住了好几年，而且因为展览和各类艺术活动经常去。这次和澎湃新闻“城市漫步”栏目一起行走苏州河，才发现变化很大。我第一次来M50，是早在高中时的某年暑假，去当时的上海美术馆（就是南京西路的钟楼，原来的上海跑马总会大楼，现在是上海市历史博物馆）看完上海双年展出来，在临近出口的地方拿了一张位于M50的东廊画廊展览开幕的明信片。

当时旁边有个大哥哥也看到这张明信片，两个人就说要不要一起去看看。

那时候的M50空空落落，没几家画廊，还是厂房的样子，门口有门房大叔。那是我第一次乘工业电梯，那种大的货运梯，身入其中有种探险的感觉。到了二楼，发现别有洞天，满屋子穿得很时髦的男男女女、举着酒杯，墙上是一些看不太懂的画和其他作品。这是我人生中展览开幕初体验，当时肯定不会想到之后自己会成为这男男女女中的一员。在画廊没待多久，我也只是跟着大哥哥走走看看，没有人可以讲话，好像也没有人跟我们讲话。

出M50的时候已经天黑了，那时候的莫干山路晚上乌漆墨黑，厂房这边的住宅区虽尚未拆除，但也没什么光。马路对面应该已经是月星家居了，但也就是家具商场的背面，很脏很乱，没有灯。苏州河这一边就更没什么光线了。我记得自己有点害怕，两个人一路走，一路隐约看到靠近路口的墙上有些涂鸦，那段路走得感觉自己像在电影里一样。到了路口，我们互相留了手机号就道别了。他往中潭路地铁站走，我目送他过昌化路桥。那也是我第一次远远看到中远两湾城，只见黑夜中巨大的一排排望不到边的楼，楼上零星亮起的窗户像几双惺忪的眼睛。当时我有点摸不着方向，但既然道别了，就得朝反方向走，好像到了长寿路才找到了公交车站。那时候没有智能手机，没有导航软件，不知道是怎么完成探险、顺利回家的。

▲ M50后面靠河岸的大片蕨类植物，河对岸是中远两湾城（摄影：Jazz Lee）

七

读大学的时候，我去过苏州河边一个由厂房改造的创意园区，好像是创邑·河。当时虽然学的是文化产业管理专业，但学校几乎没带给我任何一手经验，都是自己莫名其妙、误打误撞地去了很多地方。那时候，创意园区还是相对比较新的概念，老厂房改造、城市更新也没像现在这么普及。我是通过一个法国设计师认识了那个空间，他家也住在苏州河边，靠近昌化路桥。那是我第一次通过他的作品了解到当代家居和室内设计的概念。

他的空间在园区最靠外，如果往里走，就能直接走到河边。当时有些建筑还没改造好，仍是一种建设过程中的状态。苏州河此时已经挺干净了，夏天站在河边，没有什么明显的异味，就是蚊子比较多。风从河面吹来，河上偶尔经过货运船，有很多沙船，沙子堆成小山。船上的人生活在船上，有些衣物晾在船篷外面。那于我是一种完全陌生的生活，而我也在不知不觉中稳步走入我的人生，与艺术和设计有关的职业生涯与生活。

八

写上海外滩美术馆似乎是最难的，因为最有感情，很多当时的同事现在还是朋友。工作上成就感最高的就是这段时间，和所谓的当代艺术圈关系最紧密的也是这段时间。美术馆顶楼有个露台，朝着外滩，现在可能被新起的楼遮掉一点，以前视野很开阔，能看到苏州河汇入黄浦江，是完整的一道弯。极目远眺，隐约看到虹口、杨浦方向，两岸有大吊车；而眼前是外白渡桥、半岛酒店，还有陆家嘴。

美术馆朝虎丘路这面，有两个小阳台，从这里看到的就只有比较低矮、其貌不扬的住宅区，和另一面反差鲜明。当时我们有过一个“Art on the Bund”（外滩艺术导览）的活动，把外滩沿线的几家艺术空间串起来。半天的导览活动，参加的大多数是外国人。离我们最近的“艺术邻居”是“艺术+上海”画廊，本来在富民路，后来搬到了河滨大楼里，画廊一层是一个带有浓郁东方审美情调的家居空间。

我和同事们有时会走过乍浦路桥或四川路桥，到河对岸的“艺术+上海”画廊。过桥的时候，从这座桥上看其他桥，也是很特别的风景。往外滩看是今日的十里洋场、浦东金融中心的高楼群，往市区看则仍保留着浓墨重彩的工业城市的遗迹，依稀能看出娄烨的电影《苏州河》里的影子，散发着旧时的气息与时间沉淀的吸引力。我有个小遗憾，是一直没去过上海邮政博物馆的顶楼，听说是个空中花园，也是一处观察外滩和苏州河的绝佳视角。

九

苏州河的水体在治理后拥有了沉郁的碧绿色，夕阳时分，站在昌化路桥往梦清园方向看，有时能看到金光粼粼的水面。现在河里也有水鸟了，岸滨公园的动植物多样性也挺丰富的，有些稀奇的花花草草。虽说不是主动选择，回头想来，能在苏州河边生活多年，自己是幸运的。我记得刚认识外滩美术馆馆长Larys Frogier的时候，他说他很喜欢住在河边，以前他在法国雷恩也是住在河边。他觉得人是天然亲水的，这一点我很同意，我觉得这是流动在我们血液里的。

水面的肌理很令人着迷。我记得曾从上海徐汇的西岸看着黄浦江的水面——柔和的、丝绸一般的、变化多端的灰色、粉色、霓彩色，它时刻的变化让人永不厌倦。黄浦江比苏州河宽、深，从表面的变化也能看出水体的深厚。上海的这两条河，仍紧紧地同工业与城市发展贴合在一起，它们承载着观赏目光之外的运输重任，连通着经济命脉。

现在我在深圳，我们设计运营的海上世界文化艺术中心门口也有一条"河"，是槙综合计画事务所跟当时的景观设计团队on site studio做的水景。说它是河，一点都不夸张，虽然是人工的装置，但它完美复刻了河流的感觉。我觉得河水的流动天然地让我们想到时间的流逝、生活的变化、人事的变迁，想到自己的过去、现在和将来。我每天上下班能看到这条河，也是一种幸运。

在蛇口，我不仅能看到大门口的"河"，还能看到真的海。文化艺术中心地处深圳湾西段起点，从这里能看到沿湾的深圳与香港，水湾的对面就是流浮山山影。天气晴好的时候，对面山上的树影也看得很清晰，还能隔着深圳湾大桥直接看到福田、罗湖的楼群。水的颜色倒映着天空的颜色，每时每刻都不一样。现在还能看到附近渔村的渔船，还有更远海面上养蚝、贝的水田。刚来深圳的时候，我会开玩笑说在上海从没看过海，“上海”这个名字是虚假广告。

斯塔尼斯瓦夫·莱姆的小说《索拉里斯星》被改编成同名电影，电影中出现了莱姆构想的未知星球上的智能海。那也是一片引人追索的水体，混沌的、看不清内部的霓光水面，如河面或海面一样，时刻波动着、变化着。只是这个不为人知的智能水体的表面，并非映射着外部的光线，它表现出的视觉似乎来自它的内部。它主动地生成人所看到的形象。在我的意识中，苏州河的水体不只是一条河，它成为一种回忆与意识的凝聚体；在意识之眼中每次观看它，都会诱发新的回忆构建与思考，它的意象也随之不断改变。而仍有那么多的人、事，这次还没来得及回想。

现代化治理与更新下的苏州河

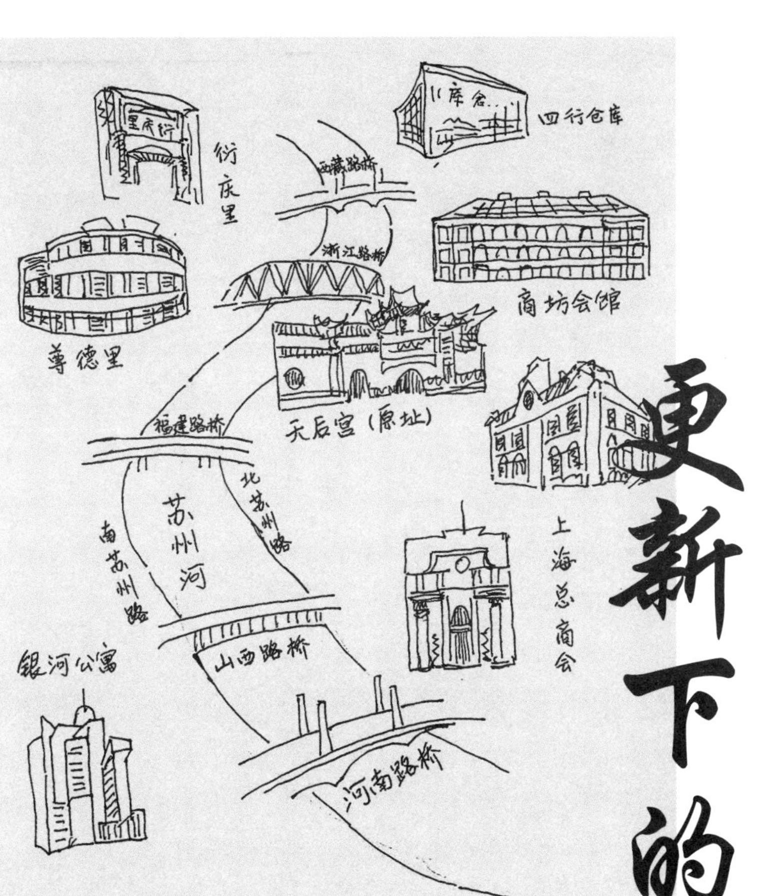

往事烟波去，江潮引鹭回：苏州河流域的生态修复

俞远明

上海市野生动植物保护协会理事

苏州河，被称为上海的母亲河，19世纪到20世纪中叶，在她的孕育下，上海从一个东海边不起眼的小渔村，发展成世界闻名的工商大都市。

同时，她也为这座城市付出了极大的牺牲，原本自然洁净、鱼腾虾跃的河水变成一条几无生命的城市下水道、臭水沟，成为20世纪全国城市中最早被污染的河流之一。

所幸的是，自上世纪末至今，在上海市、区、街道各级政府及有关各方大力整治下，苏州河终于摘掉了“繁华都市里的黑丝带”的“帽子”，重生为一条美丽而充满生机的景观河流。

这一翻天覆地的变化，对于自小生活

在苏州河畔，亲历、目击河水由黑转绿的我，更是不胜欢喜、感慨万千。

河水如墨，乌篷如鲫

我出生在苏州河畔，与新中国同龄，自小居住在上棉六厂职员宿舍（现安远路899弄华纺小区）内。

当我们这一代呱呱坠地、睁眼看世界时，上海已经解放，沪西长寿路一带沿苏州河而兴建的、被国民政府接管了仅仅4年多的、原属日资的19家“国棉纺织厂”，以及数百家尚未公私合营的民营轻纺、金属加工厂，几乎原封不动地分布在我们居住的宿舍四周。举目望去，不是如锯齿般的织布厂屋顶，就是四处矗立的大小烟囱。

我家虽然距离毗邻苏州河的国棉六厂仅100余米，但小孩进不了工厂，看苏州河只能绕道前往几百米外的宝成桥，那里是儿时“离家最近的看得到轮船的地方”。

宝成桥南接叶家宅路，北连光复西路，因桥南岸连接的宝成弄而得名。最初由苏州河北岸的崇信纱厂杨杏堤等人捐资、于1931年建造，为五孔木质行人桥，主要供两岸纺织工人通勤用。1937年“八一三”战火中曾被日军炸毁，翌年修复。

20世纪50年代类似宝成桥这样的木桥，在苏州河上不止一座，比如曹家渡的三官堂桥、福建路附近的老闸桥等。

▲ ① 20世纪初，日商内外棉株式会社在苏州河畔建的内外棉第十三纺织厂（即新中国成立后的国棉一厂，大门在长寿路近胶州路口） ② 同期日商日华纺织株式会社在苏州河畔建的日华纺织第三、第四厂的织布车间（即新中国成立后的国棉六厂） ③ 日华纺织第三、第四厂建在苏州河畔的棉花仓库 ④ 日华纺织第三、第四厂建在长寿路近安远路口的工厂大门（历史资料图片）

▲ 由于宝成桥主要供两岸纱厂工人通勤用，又叫“纱厂桥”（历史资料图片）

50年代的宝成桥保留了1938年修复后的模样，是一座黑色的松木桥。桥不高，拾级而上过桥，对岸就是沪西一带俗称“三湾”的潭子湾、朱家湾、潘家湾“浜北”地区。走在木阶梯上，可以从空隙中瞅见桥下流淌着乌漆墨黑的、散发着阵阵恶臭、没有鱼虾只会孳生蚊子的苏州河水。

过桥进入“浜北”的光复西路，第一印象当属苏州河边那些臭气熏天的粪码头。环卫工人手推黑色的四方形木板粪车，一早就将夜晚从城市各个角落掏出的粪便，集中运到苏州河边的各个粪码头的粪池里，然后码头再将粪水卸入河中等候着的一长排粪船上。直到船装得快沉了，再驶离。

▲ 苏州河北岸俗称“浜北”的旧貌（历史资料图片）

▲ ① 20世纪初的清洁工人 ② 20世纪初苏州河畔的粪码头 ③ 20世纪90年代苏州河畔最后的粪码头 ④ 20世纪中叶苏州河里的运粪船（历史资料图片）

当年苏州河从东端长寿路到西端周家桥这一段，几乎全部是紧挨着的一家又一家纺织厂、印染厂、轧钢厂、金属加工厂、木材加工厂、电子元器件厂、火柴厂等，而且基本上是“一厂一码头”。虽然起重机随处可见，但不少码头装卸货物还是靠人力，仍然可以见到很多身穿破衣或赤膊、背扛沉重麻袋、脚踏“过三跳”木板蹒跚上下船的码头工人。人世间最脏、最苦的职业与生活，都让我在苏州河畔窥见了。虽然教科书里没有提及，却永远定格在童年的记忆中。

对于儿时的我来说，苏州河唯一吸引我的是在那里可以看到川流不息的船只。乌篷船、帆船、小火轮船、机帆船、一长溜的拖挂船……这些船只每天在苏州河上下游之间穿梭往来，忙碌不停地运输工业品、粮食蔬菜、建材、煤炭、土特产、肥料、垃圾等。那个年代公路、铁路等陆路长途运输还不发达，内河航运犹如城市的血脉，为城市提供源源不断的能量活力，又排泄城市的各种废弃物。

上海作家王唯铭在《苏州河，黎明来敲门》一书中，记录了苏州河60年来的污染史：自1920年苏州河市区段开始局部黑臭，闸北水厂自启用加氯消毒开始，至1978年水体污染向上游扩散至青浦区白鹤——苏州河上海境内段全部污染黑臭。

分析下来，导致苏州河污染的主要原因：一是污水超负荷，每天上游太湖来水80万立方米，排入河中的工业、生活污水却多达120万立方米，远远超过河流自净能

▲ ①③ 棉包、沙袋、货物都是用肩膀扛上扛下的　② 1997年的苏州河江宁路桥附近河段的碎石料码头，远处可见江宁路桥及宜昌路救火会瞭望塔（历史资料图片）

▲ ① 20世纪40年代苏州河浙江路至福建路一段，乌篷船多如过江之鲫　② 20世纪30年代的垃圾码头　③ 1997年曹杨路桥附近的副食品公司码头（历史资料图片）

力；二是沿河（货物、粪便、垃圾）码头和行船（包括竹、木筏）对河水造成严重污染；三是河道窄、长而曲折，上下游落差不明显，黄浦江涨潮时将苏州河污水回推，造成黑臭污水团在河中回荡滞留，即便强降雨也无法把黑臭污水排入黄浦江；四是经过日积月累，河流中下游沉积的富含重金属和其他有害物质的底泥厚达1米多，造成河流生态持续恶化、积重难返（这些重污染底泥还无法作为肥料，只能异地深埋处理）。

据说在60年代，有关部门因苏州河水里孳生蚊子，曾在河中投放吃蚊子幼虫孑孓的“窜条鱼（又名餐条鱼）”，但投放进去的鱼儿一天不到都死了。

当上海在20世纪80年代向世界打开大门时，苏州河的污染状况也达到了顶峰，严重影响了上海的经济发展和人民生活，也影响了对外开放的城市形象。

水碧鱼跃，鸟语花香

从80年代开始，上海市委、市政府着手谋划苏州河治理工作，其中首要的一项，就是截流排往苏州河中的污水。

1988年至1993年，上海实施了“合流污水治理”一期工程，在充分利用市区原有排水设施的基础上，建造了一个污水收集系统，截取44个排水系统的合流污水，经过处理后再集中送入长江大水体中进行深水排放稀释。该工程总投资16亿元，其中世界银行提供1.45亿美元贷款，日截流120万立方米直排苏州河的污水，为苏州河治理打下了坚实基础。

污水来源的大头被截留了，但是河水黑臭的生态问题仍未解决。

1996年，上海全面启动苏州河环境综合整治，并成立苏州河环境综合整治领导小组，由徐匡迪市长亲自担任组长，下设专职办公室。至2012年，在几任上海市长的领导下，上海实施了三期苏州河环境综合整治工程。

一期工程从1998年到2002年，投资约70亿元，内容包括支流截污、污水处理厂建设、环卫码头搬迁、旱流污水截污、防汛墙改造及部分河道底泥疏浚等10项工程。

二期工程从2003年到2005年，投资约40亿元，内容包括苏州河河口水闸、梦清园建设、污水收集、水系截污、雨水泵站排江量削减、两岸绿化等8项工程。其中最主要的是重新设计苏州河与黄浦江交汇处的闸门，避免黄浦江涨潮时将苏州河污水回推，加快苏州河水排入黄浦江。

三期工程从2006年到2008年，投资约31.4亿元，内容包括市区段底泥疏浚和防汛墙改建工程、苏州河水系截污治污工程、青浦地区污水处理厂配套管网工程、长宁区环卫码头搬迁、综合监控管理这5个主要的项目。

在二、三期改造工程中，苏州河综合整治办公室和普陀区政府牵头，改造苏州河“三湾”的中间一湾“潭子湾”南侧的半岛，将位于其中的“远东第一啤酒厂”——上海啤酒厂和几家纺织厂、仓库迁出，由苏州河综合整治建设公司承担建造了一个三面临水、占地8.6公顷的“梦清园”，这是苏州河环境综合整治中集园林绿化、科普教育场馆、水环境治理工程措施等内容为一体的大型综合性建设项目，处于上海内环线内的市中心区域。

公园将源源不断的苏州河水引入园区，在园中布置了一条微缩的“苏州河”，河流走势、弯曲都完全与苏州河相同，河水循环一圈，变成清洁的水，最终再次流入苏州河，展现了用生态方式修复、保护水源的科学理念。公园地下还隐藏着一座3万立方米的雨水调蓄池，这是国内首次设计的合流制排水系统调蓄池，是苏州河沿线4个调蓄池之一。园内辟有“梦清馆”，内分三个展厅，展现苏州河水治理的成果。

在园林布局方面，为了达到宛若天成的自然效果，设计师有意识地营造植物共生环境，园内500多种、数十万株植物中七成是乡土品种，包括南侧用毛竹、哺鸡竹、慈笑竹等一万多株竹子造就的“沪上第一竹林”；在北侧人工堆出一座8.4米高的山坡，遍植金桂、银桂、四季桂，山坡下的道路两旁种植樱花、海棠、杏树。既具观赏性，又构筑了极佳的自然生态环境。

尤其值得称道的是，设计者把健身步道置于公园的外圈，在内圈将樟树、黄山栾树、白果、三角枫、乌桕、合欢、女贞等多种高大乔木，与夹竹桃、天竺、石楠、冬青、蔷薇、含笑、红花继木等多种灌木进行错落有致的组合，林间穿插布置了多个草坪、小湖，再用溪流活水贯穿、缭绕，构成了丰富多样的自然生境，为昆虫、鸟类、小型兽类等各种生物提供了极佳的栖息地。

1998年，我搬迁到苏州河畔一个新建的小区，开窗就可见苏州河。看着苏州河河水的颜色一年一年渐渐由黑色转为黄褐色、黄绿色、绿色。

2000年底，上海市航务处制定和实施苏州河长寿路桥以东水域禁止货运船舶航行、停泊、作业，长寿路桥以西水域启动货运船舶“西进西出”的管理方案。2005年起，两段水域除特殊批准，均不准机动运输船进入。

2008年，距离我新居只有200米的梦清园——“苏州河梦清园环保主题公园”完全建成。

开园后不久的一天晚上，我进园游览，突然发现一只

◀ 2008年起，夜鹭开始在泛黄的苏州河里抓鱼吃

黑乎乎的大鸟从天而降，落在公园小湖中的围堤上，因为天黑，没看清它的模样。过了几天，在竹园的竹梢上，又见到了这种红眼睛的大鸟。后来查了资料，才知道那是一种我在苏州河一带从未见过也不认识的夜鹭。

那年5月下旬的一个下午，推窗看河，忽然见到湖边站着几只夜鹭，不时跃入水中，似乎在捕捉水中的东西。我好奇地来到河边仔细观看，发现夜鹭居然在苏州河里抓鱼吃。

原来，苏州河水已经由黑色转为黄色、黄绿色，河水中的鱼儿引来了对鱼最敏感的鹭鸟觅食。这一景象让我极其兴奋——经过半个多世纪的期盼，苏州河中终于有生命了！

从此，我添置了单反相机，从苏州河、梦清园里的夜鹭开始了生态摄影。

2010年5月，上海市地方海事局发布了关于苏州河东段（外白渡桥至真北路桥）货运船舶禁止航行的通告，为数百年来的苏州河下游航运彻底画上了休止符。

苏州河三期改造治理工程结束，尤其是对下游河道进行了底泥疏浚后，到2010年河水已经转为黄绿色，基本没有臭味了。2012年，苏州河干流（旱天）已完全消除黑臭，并稳定在V类水质标准（主要适用于农业用水区及一般景观要求水域）。

2010年，“上海苏州河观光游览有限公司”成立，开辟了从昌化路桥东到中环附近的丹巴路码头的“苏河十八湾游艇观光”路线。来回船票88元，我坐过两次。

船儿划开绿白色的波浪徐徐前行，驶过一个又一个河湾，讲解员娓娓道来，讲述“苏州河十八湾”的故事。两岸工厂已经消失不见，被鳞次栉比的高层住宅所取代，岸边绿荫连绵，夜鹭在河岸栖息，不时飞入河中捕食活鱼泥鳅，这一切恍若梦境，给中外游客，尤其是久住苏州河畔的我带来了前所未有的新鲜而奇特的感受。

被苏州河环绕的梦清园，本身构建了良好的鸟类栖息条件，建园后引来了多种野生鸟儿常年在园内生活，繁衍后代。除了麻雀、白头鹎、乌鸫、珠颈斑鸠这些俗称的“上海市区留鸟四大金刚”，还吸引了灰喜鹊、棕背伯劳、棕头鸦雀、远东山雀、山斑鸠等新居民定居，灰喜鹊每年春夏季要繁殖20来窝呢。

就在这一年，一批白鹭开始常年栖息在梦清园两岸，依靠捕食河中的渔获生活。

苏州河原本是候鸟迁徙途经地之一。梦清园内各种植物和清洁的自然水源，为南来北往的候鸟提供了充足的虫子、浆果、坚果、芽叶等食物资源和饮水、洗澡等生活条件，每年秋季到来年4月都有鹟类、鸲类、柳莺类、鸫类、鹀类等候鸟来园逗留栖息，少则一两天，多则一周甚至一个月。而如白腹鸫、灰背鸫、虎斑地鸫干脆把公园作为越冬地，每年从遥远的北方跨省飞来这里过冬。

▲ 2010年6月的一天，在沪的外国游客在苏州河游览船上等待启航

▶ 每年春季，都有乌鸫在梦清园里筑巢，捉来蚯蚓喂养自家宝宝

▲ 这些美丽缤纷的鸟儿都是在梦清园栖息的候鸟

游憩宝地，城市名片

2018年底，上海全面启动了总投资超过250亿元的苏州河环境综合整治四期工程建设，其中污染治理工程181.7亿元，防汛工程21.8亿元，两岸整治34.6亿元，涉及苏州河两翼四片11个区共885平方公里。

四期工程旨在到2020年，苏州河干流和支流消除劣Ⅴ类水体，干流堤防工程全面达标，航运功能得到优化，生态景观廊道基本建成，形成大都市的滨水空间示范区，水文化和海派文化的展示区，人文休闲的自由活动区，努力实现把苏州河打造成为“城市项链、发展名片、游憩宝地”的整治目标。

实施中将坚持水岸同治，更加注重治理岸上的污染源，从根子上改善水环境；坚持干支流联治，加强整个水系的污染治理，实现流域水环境的全面改善；坚持两岸贯通与功能提升同步，推动苏州河与黄浦江“一江一河”交相辉映，实现还河于民、还岸线于民、还景于民。

三年来，随着苏州河生态环境进一步优化，来河岸观光游览、参加各种娱乐休闲活动的市民日益增多，各种野生动物更是用足迹、用翅膀说话，印证了这一巨变。

在梦清园里，随着各种小鸟的进驻，也引来了顶级掠食者，红隼、雕鸮、凤头鹰也把这里当作了食堂。这些顶级掠食者的到来，使得上海市区的野生鸟类种群形成了完美的食物链。

据观鸟爱好者不完全统计，梦清园建园13年来，园内发现的鸟类已多达108种。原来多见于沿海的一些候鸟如红喉歌鸲、蓝歌鸲、寿带鸟、灰卷尾鸟等，也频频在园中歇脚。

▲ 2019年11月，一只高大的凤头鹰来到梦清园捕食灰喜鹊、珠颈斑鸠等鸟儿

▲ 2020年，一只以往多在长江口、黄浦江滩涂活动的大型鹭类苍鹭，竟然也来到梦清园北侧的苏州河觅食

除了鸟类，其他小动物近几年里也陆续在公园安家，市中心城区不易见到的刺猬也出现了，黄鼬更是大胆到不惧人类。

现在游客走进梦清园，就听得一片鸟儿鸣叫声，各种鸟儿在树木、灌丛间穿梭追逐，在小湖小溪里饮水、洗澡。到了春季鸟儿求偶季节，早晨4点不到就听到“白舌鸟”乌鸫在歌唱；而每天傍晚的竹林里，鸟儿的喧哗声更是一片沸腾，附近其他地区活动的八哥、灰椋鸟都会集

▲ 2020年5月，一只刺猬在梦清园内的小路边吃猫食

▲ 2021年9月，梦清园里的一只黄鼬（黄鼠狼）

中到园内的竹林里栖息。因此，称梦清园为“鸟类的天堂”也不为过。

更令人惊喜的是，2021年8月4日，十几只家燕来到长寿路桥北的苏州河面觅食，那是几只成年燕子与它们今年繁殖成功的幼燕。幼燕出巢不久，刚学会飞，但还不会自行捕食。成年燕子一边捕虫在空中喂它们，一边带教幼燕学习捕食。

河面上有的是虫子，只见燕子在水面穿梭腾挪，忽而滑翔，忽而俯冲，给苏州河带来了一片生气勃勃的自然景象。若不是两岸的高楼大厦，人们还会以为它们是在郊野河中戏耍呢。

燕子归来了！上海的苏州河流域，原本就是它们的家乡。

经过十三年坚持不懈的治理，苏州河正在焕发出青春活力，河中有鱼、河岸有鸟兽，沿河已经形成生机勃勃的

▲ 时至2021年11月中旬，棕背伯劳还能在梦清园中捕捉到棕静螳螂

▲ 一群家燕来到长寿路桥北的苏州河面，此为追随老燕取食并在河面练习飞翔的幼燕

生态景观廊道，正在成为上海的城市名片。

苏州河治理是一项综合性的、细致繁复的系统工程。俗话说，冰冻三尺非一日之寒，要把河中底栖生物完全复原，让鱼虾不仅可生存，还能在河中繁殖，我们还须继续努力。但我相信，要不了多久，更精彩的这一幕就会到来。

2016年，我为苏州河巨变写了首七律《苏州河畔》。

绿萍摇绿影，百里百徘徊。
泥燕枯桥过，乌篷浊浪来。
华庭观宿柳，老水烫新醅。
往事烟波去，江潮引鹭回。

（本文图片除历史资料外，均为作者摄）

以水为邻：苏州河畔的建筑倒影与新貌

宿新宝
华建集团历史建筑保护设计院副院长

漫步于苏州河沿岸，跟随这条近代上海城市东西向发展的重要轴线，我们能从这个窗口里窥见上海城市发展的历史缩影。河岸边矗立着100余座优秀历史建筑，静静等待着我们去探索和发掘他们背后的故事。

我并非土生土长的上海人，与苏州河结缘，是因为公司在黄浦区靠近外滩的汉口路上，离苏州河不远，项目途径或者是午休时间会去河边散散步。但当时苏州河还没有进行整治，我与苏州河的缘分也仅止于匆匆一瞥、擦肩而过。

后来因为工作关系，从“一江一河”项目开始，我与苏州河的进一步接触越发频繁起来。起初的工作重心还是黄浦江。我所在的华建集团历史建筑保护设计院先做了有关黄浦江的历史建筑规划研究，后又为黄浦江的贯通做过一些工作，那个时候还没有关注到苏州河。等到“一江”基本落定，我们的目光才渐渐转向“一河”，主要做了两个方面的工作：一是配合住建委去做苏州河的中心城区段的贯通建议，特别是针对黄浦段的改善条件进行前期研究；二是在黄浦区北京东路提升改造中针对区域内的苏州河沿岸开展一些设计研究。

至此，通过对一些项目陆续接触，有的是做相关研究，有的是做城市设计，有的是进行单体改造，我开始和苏州河有了更为密切的联系。

从江到河：苏州河区域的重新发现

如前所述，最初研究上海历史建筑时，我的关注点主要还是黄浦江沿岸，因为整个上海市是从黄浦江向西发展，所以早期的聚焦点都在我们熟知的近代租界中。通过历史研究我也了解到，苏州河其实是一条城市内河，当时主要的功能是运输和承担污水排放，甚至把石库门里弄居民产生的“天然肥料”，通过粪船溯河而上运往青浦、嘉定等郊区的农田里进行施肥。

此时的苏州河更像是一条背弄、一个服务于城市后勤的区域。因此这种天然属性使得苏州河不像黄浦江在贯通后可以轻松形成一种景观氛围，苏州河在沿岸贯通后，也能看到一些过去的影子，比如沿线分布的快递站、垃圾

▲ 20世纪30年代，从百老汇大厦眺望邮政大楼（摄影：Johan Gunnar Andersson, 图片来源：上海市地方志办公室）

站，这与它早期城市背弃的定位息息相关。

2016年，受黄浦区金外滩集团委托，我们为北京东路提升改造做前期设计研究，范围从外滩一直延伸到西藏路，北接苏州河，目标是从原来的“五金一条街”向科创、文创等高端产业转型。北京路跟苏州河看似是平行的，但是由于苏州河蜿蜒曲折，所以它离北京路的距离有近有远。委托人希望北京路的提升不只是科创，还有其沿河部分，能有产业的改变，把苏州河的休闲功能与综合优势利用起来。

做项目研究的时候，我们发现，苏州河沿岸依旧维持着一直以来的业态定位，防汛墙很高，沿岸陆地跟水实际上没有太大关系，是一种所谓“临江不见江，临水不见水”的环境条件。

与此同时，在2015到2017年间，我们参与了关于黄浦江沿岸的历史建筑研究的系列课题，对它们进行分门别类的梳理，也为后续研究苏州河奠定了相关的理论基础。

在我们关注沿江历史建筑的这段时间里，黄浦江两岸发生了明显的变化，尤其是以前的一些相对来说条件比较差的区域，都实现了贯通和景观绿化。而在黄浦江这样城市级的大河逐步焕发新生后，我们也在感叹，苏州河还没有得到很好的开发和利用。

2018年，我们开始全程参与“世界会客厅”也就是扬子江码头的更新项目，所幸此时，上海市委市政府也提出要将各区苏州河段的能级加以提升。

凝固在历史岁月中的苏州河，终于又要开始缓缓流淌了。

因地制宜：不同区位，不同提升思路

苏州河相关项目最初启动时，我们是先以研究方式介入的，比如各个区段防汛墙跟人的关系是什么样的，哪些区域是能看到河的、哪些是看不到的，哪些区域是能从防汛墙延伸到内部形成腹地的。

曾经的一个重点，就是考虑苏州河两岸之间需不需要再增加新的桥，来加强两岸之间的互动——黄浦江因其尺度和航运原因目前还是没有条件建人行桥的，但苏州河具备相关条件。从外白渡桥、乍浦路桥到四川路桥，桥的密度很高，但是从四川路桥再往西走，就只剩山西路一座临时的钢桥。所以在这一段，当时我们建议要么改造山西路桥，要么可以考虑在江西路上再重新搭一座桥。因为前面几座桥的间距大概是200米到300米，是一个步行比较舒适的区间，而且这个区域景观点又非常多，所以如果能再增加一两座步行桥，将使得两岸之间的联动做得更好。不过由于多方面的原因，这些建议暂时还没有落地。

后来，我们也做过苏州河虹口段的提升设计方案研究。那一段很短，从河口到河南路就告一段落，但外白渡桥以西是一个有腹地进深的区域，原来的水警码头空置了，我们希望把这块陆地做成向河面延伸的坡地，对防汛墙进行二级挡墙的改造，把最低点变成亲水平台。我们想对原先码头的管理用房，也就是现在的咖啡馆进行深度的改造，打造人员的聚集区，利用地理位置的优势，与当时对岸的黄浦公园（现樱花谷驿站区域）联动起来。

拥有苏州河段的每个区也都在寻找自己的品质。我们当时提出的想法是，整个虹口段应该是一种“经典”的风格，因为跟其他区域不同，这个片区没有库房，没有工业类的历史建筑，而是聚集了非常优秀的大型公共建筑和公寓，比如邮政大楼，新古典主义的设计，加上巴洛克式装饰，这种建筑风格和体量，都是很经典的模式。顺着这个

▲ 外滩源鸟瞰（摄影：章鱼见筑）

思路，我们做了方案。虽然最终方案没有被采用，但是改造提升后的苏州河虹口段已然成为市民游客休闲打卡的好去处。

与虹口段相比，黄浦段的特点不一样。除了背靠外滩源这一点，黄浦区有大量的里弄，当年是生活性用房。南苏州路上还有如今成为百联集团时尚中心的衍庆里仓库，衍庆里附近有租界时期的西牢监狱，这些都和它对岸的风格不一样，黄浦段苏州河沿线公共建筑不多，而是以里弄住宅为主。

结合北京东路提升改造设计研究，当时我们对苏州河黄浦段的设想是，山西路桥那一片做成与河结合的绿地，同时在绿地旁设计停车位，解决周边的停车难题。贵州路附近区域，因为拥有腹地，可以往休闲、亲水等方面去打造。再往西边一点，西牢监狱旧址和周围几个荒废中的仓库，都非常适合进行城市更新，因为它有历史、有用地、有建筑空间，在整体更新后可以有可观的带动作用。当时也提出和相关艺术学院合作，把时尚元素引入进来。不过由于种种原因，这些想法目前还没有实施。

不止远观：打造更多亲水平台

无论上述这些项目是仅停留于脑海，还是真正落到了实地，都带给我们很多思考。我比较赞同“城市针灸”的说法，类似上生新所那样，借助一个项目的溢出效应，能把整个片区都盘活。

对于我个人而言，作为一个北方人，能明显感受到江南水系的发达。在上海，“水文章”完全可以一做。在实现了黄浦江、苏州河的贯通，以及沿岸绿化公园式的环境之后，可以将目光投向“一江一河”沿线的内河，比如浦东的张家浜、虹口的虹口港等，无论是在尺度还是空间上，这些内河与人的结合都是最紧密的。

我认为，包括苏州河在内的这些内河，比起黄浦江来可以开展更多的亲水性的活动。一方面是防汛墙，国外有比较成熟的可装卸式防汛墙技术，我们可以借鉴这些新的技术改造现有防汛墙，使其成为汛期挡水但非汛期开放的活动式防汛墙，让人们可以更加亲近水系。

另一方面，这些河流的水面也可以被利用起来，举办一些亲水的活动。现在苏州河恢复了原来的龙舟和赛艇比赛，其他河流也可以举办一些能让市民参与其中的活动。例如浦东世纪公园里面游船所利用的，就是张家浜的城市河道，把一部分河道封起来，让游客在里面划船。虽然这样可能会提升管理成本，但比起只能远望的黄浦江，这些小的内河在鼓励市民亲水、临水，包括开展水上运动方面，都大有可为。

当有了市民参与度后，周边的服务、商业等等，都会自然而然地被带动起来。我期待看到这些河流更多的差异化利用，以及它们带给市民不同维度的感知。

随着城市更新的继续深入、持久进行，在公共化和开放化的倡导下，越来越多的历史建筑和街坊也会在延续原有格局及风貌的前提下将历史界面向城市和公众打开，伴随新建建筑和景观环境，体现历史风韵与当代印记，拓展慢行空间和开放广场，呈现新与旧对话的有机更新的城市风貌。

历史建筑的活化，一方面是使其功能多样化，与水系能够紧密地结合，增加服务于水上活动的功能；另一方面是提升其多元性和利用好亲水景观，就像同济大学章明老师改造的“第一加油站”上面的咖啡厅，对市政设施类的建筑，也赋予其让人去和水发生互动的、游憩的、休闲的功能。

▲ 华建集团历史建筑保护设计院参与裕通面粉厂保护更新项目

此外，可以改造和建设一些亲水、观水性的小型酒店——上海的各类高端酒店各有其特色，而临水的小型酒店能让更多的人享受到苏州河带来的自然福利，享受到水面带来的亲切与静谧，这样的更新会优于纯粹的商品房住宅小区，让受众面更广泛。

在面对沿河周边的历史建筑的保护更新中，不断地探索、不断地突破，让苏州河随着这些功能丰富、生机勃勃的沿河新老建筑一起律动起来，通过创新来保护，我想，这或许就是我们对苏州河畔历史建筑最大的温情与贡献。

共享水岸：苏州河两岸工业遗产更新的思考

朱怡晨

同济大学建筑与城市规划学院博士后

黄浦江和苏州河所形成的“T”形骨架，构成上海城市空间结构的典型特征。然而，与黄浦江两岸众人皆知的情况不同，苏州河及其两岸的滨水空间在很长一段时间里仿佛乏善可陈。2016年从波士顿回到上海的我，既对两者在城市公共空间品质上的差距感到惊讶，也对这一江、一河在城市空间研究中的失衡感到诧异，因而将更多的关注投入对苏州河的研究中。

聚焦于苏州河两岸的工业遗产，则有两个契机。第一，2016年11月在同济大学举办的中国第七届工业遗产学术研讨会和2017年在浦东民生码头8万吨筒仓举办的上海城市空间艺术季，将工业遗产与城市公共空间复兴的议题紧密连接，也让我意识到工业遗产作为上海20世纪工业文明辉煌见证的物质载体，仍然对这个城市公共空间的塑造具有巨大的影响力；第二，我所在的课题组成功获得国家自然科学基金的资助，对长三角地区“城中厂”的社区化更新进行系统的研究和探索。课题关注的不再是工业遗产建筑本身的保护与再生，而是更多聚焦建筑遗产如何在街区和城市尺度推动城市公共空间和公共生活品质的提升。滨水工业遗产成为我的关注点，苏州河从此成为我的案例研究对象。

相比于黄浦江平均400米的宽度，苏州河40～60米的平均宽度更符合早期城市的工业化发展，也是更加适宜发展城市滨水客厅的空间尺度。曾给我留下深刻印象的芝加哥河、新加坡河与苏州河有着相似的历史和空间尺度，它们从昔日的交通要道向城市景观的转变历程，让我对苏州河的未来充满了期待。

漫步苏河：从保护到造景

> “当我们看到沿苏州河两岸那一排排破败的旧厂房旧仓库，很少有人会想起它们当初是何等荣耀；当我们看到沿苏州河两岸那一幢幢高楼拔地而起，很少人会为它们所取代的那些旧厂房旧仓库惋惜。”
>
> ——伍江，《东方的塞纳左岸——苏州河沿岸的艺术仓库・序》

上海对工业遗产的保护工作一直走在全国的前列。20世纪90年代起，上海进入大规模城市开发建设时期。在苏州河沿岸历史建筑不断被拆除的同时，一群现代前卫艺术家入驻旧仓库里进行创作。随后的故事大家都很熟悉。台湾建筑师登琨艳对南苏州路1305号老仓库的重新诠释，于2004年获得联合国教科文组织亚太文化遗产保护奖，极大地激励了后来者对工业遗产的保护热情，也唤醒了公众对工业遗产价值的认知。莫干山路50号春明粗纺厂原本要被拆除的命运也在艺术家、学者和专家的奔走呼号下得到逆转，在2005年成为上海市第一批授牌的创意产业聚集区之一，以“M50创意园”蜚声海内外。苏州河沿岸的艺术仓库成为对标纽约苏荷SOHO国际艺术仓库的上海地标。

当我开始苏州河工业遗产的研究时，自然不会忽略这段历史。事实上，如果选择苏州河沿岸的城市行走，向导们也会将登琨艳、M50这段惊心动魄的建筑保护历程分享给游客们。只不过，2016—2019年前后再次漫步苏州河，你会发现即便是当年保存下来的工业遗产，命运也各不相同。

南苏州路1305号的登琨艳工作室早已搬离，如今作为南苏河创意产业园东楼，拆分为零售展示和机构办公功能。对岸的福新面粉厂一厂旧址，曾经的Creek苏河现代艺术馆，孤零零地立在一片废墟之中已有好一段时间。即将成为豪华楼盘前景的它，倒可以期待被开发商好好修缮，只是未来能否对公众开放，仍是问号。曾经一度担忧被拆除的万航渡路1384弄12号的仓库幸运地被列入第四批优秀历史建筑，成为湖丝栈创意产业园。周边虽然一片破败等待旧改，但创意园内却生气勃勃，三月咖啡馆是我每次来到苏州河华政段必定会停留小憩的场所，据说已有18年历史。

让我感触最深的是苏河湾银行仓库群。位于苏河湾1街坊的上海总商会大楼、41街坊的怡和打包厂旧址都是上海市优秀历史建筑，在2010年前后政府探索土地商业开发和历史保护相结合模式的时候，作为明确保留的建筑，随土地一并出让。也因此，苏河湾是将苏州河历史文化传承和商业开发并置的城市综合体建设。

与传统工业遗产建筑在适应性再利用改造过程中仅仅被关注土地价值不同（即关注改造过程中容积率和使用面积的增加），苏河湾的银行仓库更被看中的是其位于苏州河畔的城市景观价值。当工业遗产的保护与再利用，从建筑功能的使用价值转为图景式的展示价值，从被动的保护变为主动的“造景”，遗产建筑本身反倒迎来前所未有的关注与重视。上海总商会与怡和打包厂的精心修缮就是这一变化的直接呈现。

由此，似乎可以提出这样的假设：如果说2000年前后创意产业的提出和政策引领为工业遗产的保护与再利用提供了法理依据和方向，那20年后在“上海2035”“一江一河”等以全球城市为参照、打造卓越的滨水景观形象的目标下，滨水工业遗产将从空间经营转向“景象”经营。滨水工业遗产将成为重要的城市景观。

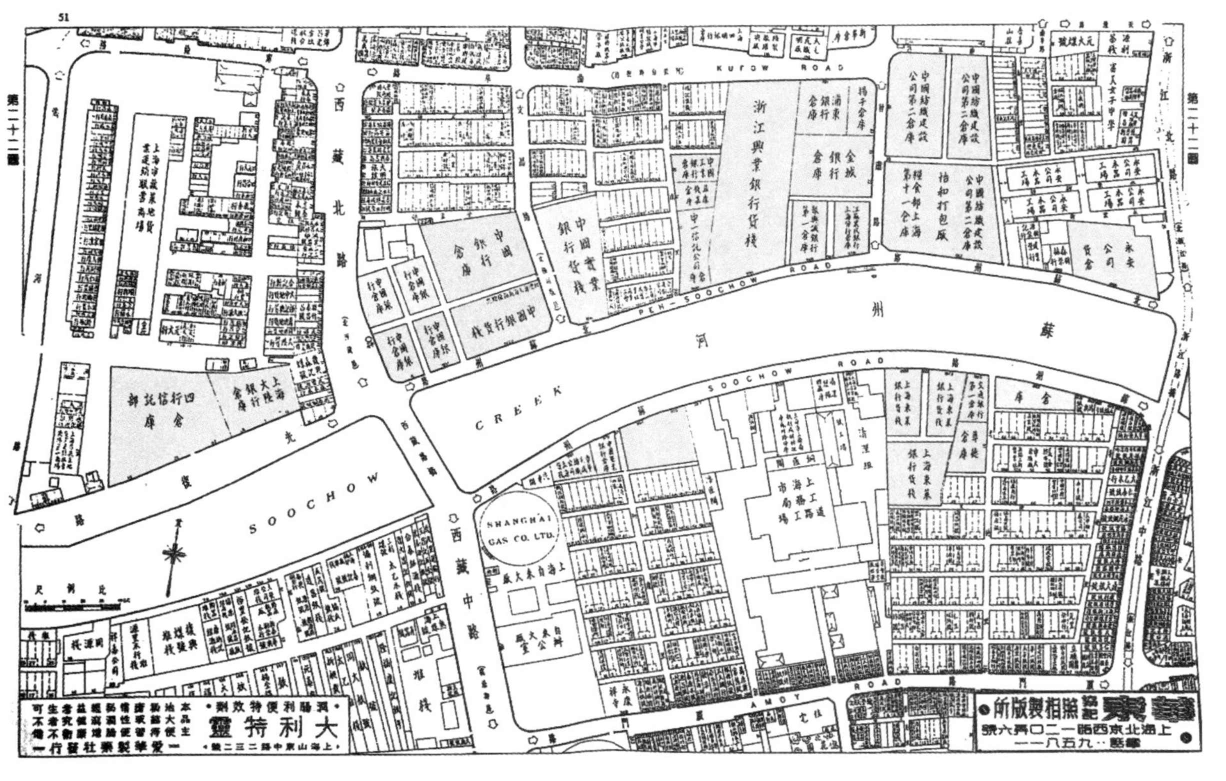

▲ 历史上的苏河湾银行仓库群。作者根据老上海行号图第二十二图整理

探索：共享的城市景观

从历史发展阶段看，苏州河沿岸工业遗产已经从单体的遗产保护、适应性再利用转向城市滨水公共资源价值的提升。作为一种状态的“共享的城市景观”，开始成为水岸更新的目标。

何为共享？从韦伯大辞典对“share”的定义上看，共享意味着一个原始持有者授予他人部分使用、享用、甚至拥有的行为。也因此，共享的核心实际是从拥有权到使用权的转移。共享城市就是在空间资源紧缺的情况下探索一种协作的工作和生活方式，使空间能以一种更加公平、高效的方式为社会所用。上海已经进入存量发展时代，空间已经是优质且稀缺的资源。尤其在苏州河畔，由于历史发展的局限，两岸预留的公共空间极其有限。如何推动两岸空间利用，尤其是滨水工业遗产的共享，成为不得不思考的议题。

2020年6月，我完成了博士毕业论文的答辩。我在博士论文中提出滨水工业遗产作为“共享的城市景观”应该从五个方面考虑：历时性、渗透性、多元性、分时性和日常性。何为“历时性”？“历时性”与“共时性”本是语言学中的概念，表现语言学的动态演化和静态特征。在城市遗产的研究中，“历时性”表现为整体空间的演化过程，即不同历史时期累积下来的历史信息的层积。在当下

▲ 苏州河沿岸工业遗产一览（根据作者调研整理）

◀ 八号桥艺术空间（原中国通商银行仓库、杜月笙私家粮仓）内仍保留的工业生产标语

的遗产保护实践中，选择重现最具代表性的历史切片是最常见的手段，例如四行仓库的西墙就直接修复到1937年淞沪会战后残垣断壁的状态。但将不同历史时期遗留下来的点点线索交织呈现，却更能反映城市社会的变迁历程，也能唤起更多的共鸣。在上海总商会的修缮中，门楼与大楼之间的围墙就保留有建成时期、20世纪20年代和70年

代不同时期的痕迹，既再现了总商会大楼当年的辉煌，也反映了苏州河畔一个世纪以来的动荡历程。

何为“渗透性”？“渗透性”是专门针对滨水空间特有的带型空间形态提出的。今天，黄浦江与苏州河已经迎来滨水公共空间的贯通，为城市和公众提供了难能可贵的线性景观廊道。但如何从两岸腹地的街区内部更加便捷、舒适地到达水岸，却是更加具有挑战的议题。“渗透性”的提出，其目的正是促进垂直水岸方向、伸向滨水街坊内部的公共空间，将周边居民的生活场景更好地引入水岸。

▼ 2021年10月的首届上海赛艇公开赛上，赛艇从修缮后的中国银行货栈（现JK1933）前划过

工业遗产如仓库、厂房等，往往因其巨大、封闭的建筑体量对滨河空间的视线和行动穿透造成阻碍。因此，建筑单体的“渗透”，尤其首层空间的对公共开放，也是滨水工业遗产“渗透性”的重要组成。2019年上海城市空间艺术季“相遇·贵州路”主题展览及分展场分布就为城市滨水街区“渗透性”的实现，提供了可能的样本。在长约670米的贵州路上，通过主展场和四个分展场的串联，以及衍庆里英式仓库的巷道贯通，南京东路和苏州河之间的联系被短暂地激活。一个新的公共空间网络诞生，为城市公共生活提供了无限可能。

多元性、分时性和日常性此处就不再赘述，其本质都是探索如何提升滨水空间的空间品质和使用频率，使得更加多元的群体能够在更广泛的时间段参与更加丰富的活动，实现滨水城市景观的共享。

滨水公共生活的复兴

几乎所有的全球城市，都无一例外，致力于将滨水区从工业遗址转变为公共场所，让河流回归人们身边。从国际工业遗产保护思潮的演变来看，国际工业遗产的研究视角已经从“静态遗产”走向“活态遗产”。这一点从《下塔吉尔宪章》和《都柏林宪章》这两份由国际工业遗产保护委员会（TICCIH）发起的章程文件对工业遗产的定义变化可以看出。根据国际工业遗产保护委员会在2003年通过的《关于工业遗产的下塔吉尔宪章》（The Nizhny Tagil Charter for the Industrial Heritage）给出的定义："工业遗产是指工业文明的遗存，它们具有历史的、科技的、社会的、建筑的或科学的价值。这些遗存包括建筑、机械、车间、工厂、选矿和冶炼的矿场和矿区、货栈仓库，能源生产、输送和利用的场所，运输及基础设施，以及与工业相关的社会活动场所，如住宅、宗教和教育设施等。"

一般而言，"工业遗产"的研究范围，除了纳入各级保护名录的"遗产"以外，还应包括一些尚未被界定为"文物"、未受到重视的工业建筑物及相关遗存。因此在实践中，存在大量并未达到"文物"重要性但仍然需要保存、适应性再利用的工业遗存，这些也是工业遗产研究不可回避的内容。而在整个遗产保护领域，以历史性城镇景观（Historical Urban Landscape, HUL）为代表的思想与方法，强调城市遗产保护与城市发展相互平衡且可持续的关系，"如何平衡管理空间的当代变化"成为遗产保护的重要议题。

2017年至今，我参加了很多次不同"城市行走"团队组织的苏州河漫步活动。主要的路线集中在河口段，即上海邮政博物馆、河滨大楼、苏河湾上海总商会、四行仓库、衍庆里、福新面粉厂一厂旧址，一直到九子公园，约3公里的步行路线。从第一次由稻草人旅游组织的城市微旅行，到后来越来越多自发的、不同组织不同主题的探索，你会发现这段3公里的路线能够呈现的内容越来越丰富。这与苏州河近年来的公共空间改善、人们对城市原真性的自我探索密不可分。

我依稀记得，第一次沿苏州河而行的参与者大多是初来上海的年轻人，也包括仅仅停留一两日的游客，抱着对苏州河的想象，以一种旅游者的心态来认识这座城市。可到了后面，你会发现参与者中有越来越多的上海本地人，他们或者曾经居住在附近、早早搬迁至他处，又或者从小在此生活，却对苏州河所知甚少。但他们的加入，却让整个行走不单是导游单向输出的历史保护建筑科普活动，而是会激发出更多居民的、日常的、切身经历的分享。

我不止一次听到人们说，小时候的苏州河沿岸有多少工厂，有多么的恶臭，人们是如何厌恶这条臭水沟的，今天的变化是多么大。这种分享，会让你不仅仅意识到这些工业遗存在历史上是辉煌的、荡气回肠的，也曾经是灰头蒙面的、被人厌恶的，给居民的生活带来晦暗的记忆。然而，正是这种叙事的丰富与厚度，更能够让今天的人们意识到过去20年工业遗产保护的不易。而越来越多市民的主动参与，既是对遗产空间保护更新的认可，也为空间的延续与复兴提供了源源不断的动力。

可以看出，遗产保护的最后不仅仅是将历史文化瑰宝留给子孙后代，更指向当代人对遗产价值的理解与传承。

苏州河两岸的工业遗产，不仅是上海纺织、面粉、化工、机械工业等民族工业起源发展的见证，也应成为当代城市滨水公共生活的空间载体。从被人忽略的“城市锈带”转向人人共享的“城市客厅”，苏州河两岸工业遗产的未来值得期待。

回归苏州河畔：天后宫戏台的保护与再生

冯立
上海交通大学历史建筑勘察设计研究院建筑师

建于1884年苏州河畔的上海天后宫，曾是上海规模最大的一处祭祀天后的场所，也是近代上海对外交流史上的一处重要之地。对于晚清的出使大臣们，它是通往大洋彼岸之前的一个集会与歇脚之地。对于善男信女，它是生活的护佑之所。它也曾是民国时代孩子们的学校，是地方政府职员的办公所在地，是住房短缺年代七十二家房客的家。

天后信仰始于宋代，经过历代演变，由最初福建沿海一带祈求出海平安的民间神祇“妈祖娘娘”，到官方封号“天妃”“圣母”，至清代咸丰年间得到皇帝褒封，被称为“天后之神”，天后文化便一路随着华人的足迹，传播遍布神州及海外各地。

我对天后宫的印象主要来自一些在港

澳生活记忆的片段：是那一天在澳门氹仔天后宫，挂满盘香的香亭里，斜斜地落进建筑的夕阳；是那一天在九龙湾的天后宫前，一位附近工地的壮汉虔诚地祈福；是那一天在天后诞辰时，山道下搭起的巨大竹棚里溢出的粤剧唱词。不同于其他民间祭祀信仰为主的天后宫，苏州河畔的上海天后宫建立之初即有着官方背景，在中国近代对外开放史上也具有特别的纪念意义。

2018年，我回到了故乡上海，同时也有幸能够作为文化遗产保护建筑师及研究者，与上海天后宫结缘参与上海天后宫修缮项目。

苏州河畔，天后宫的浮沉

上海天后宫的历史与上海建城的历史一样遥远。南宋咸淳七年（1271），在上海市舶司主持下，上海县城东北建造了祭祀妈祖的“顺济庙”。几经浮沉之后，在1853年的小刀会起义中，这座天后宫被毁。到了19世纪70年代，上海已成为中国对外贸易以及对外交流的重地。清政府也计划效法日本明治时代的做法，派高级使团出洋考察，并选派官员，见习国外礼仪、学习外国语言。光绪五年（1879），清帝亲信大臣崇厚奏请在上海设立“出使行辕”，以作为出使官员的“招待所”。“出使行辕”的建设，也成了重建上海天后宫的契机。

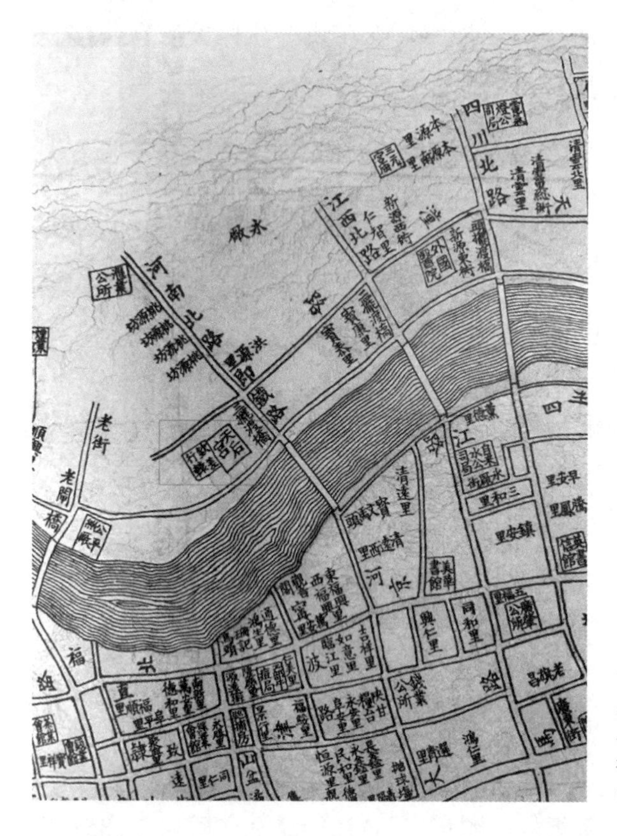

◀ 1884年点石斋刊印上海县城厢租界全图中的天后宫

据洪崇恩《上海著名历史建筑天后宫如何走向未来》一文记载，为建行辕，在选址、规模等方面颇费了一番周折，最后选择在苏州河北岸三摆渡桥（今河南路桥）桥堍一块土地，共计十一亩九分三厘一毫的面积中，兴建行辕。规划时，有人考虑到大臣出洋都走水路，没有“天后娘娘”保佑必致危险，而上海恰又没有高规格的天后庙，于是也一并奏准总理衙门，由江、浙、闽、粤四省船帮募

▲ 晚清明信片中的天后宫，前景为河南路桥（图片来源：《海上清风：明信片上的苏州河》，上海文化出版社2015年版）

资，在行辕侧旁同步建设起一座天后庙。

1884年，天后宫和出使行辕相继竣工。天后宫建筑格局反映了晚清会馆建筑的特色。门楼、戏台是它的主体。进入门楼，是戏台与东西看楼及大殿围绕着的庭院。大殿供奉天后，面朝戏台。大殿之后，则是寝宫。天后宫开放之后，外出官宦、归来游子、抑或是信众都汇聚于此。晚清竹枝词曾记载当时盛况："天妃圣母有行宫，赫濯声灵四海同。护国庇民多被德，各商演戏谢神功。"

上海天后宫随着时代的命运而浮沉。据郑祖安《上海苏州河天后宫兴衰史》一文记载，辛亥革命以后，出使行辕作为清政府的地方机关之一，被上海军政府取缔，改作"上海商务公所"（即后来"上海总商会"）办公地。1915年，上海县地方公款公产经理处宣布庙宇、庙基为地方公

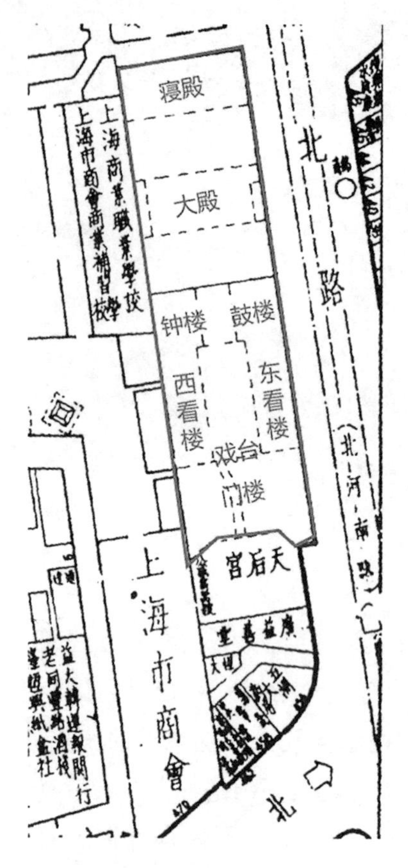

▲ 天后宫格局图（图片来源：1947年《上海市行号路图录》）

产，由款产处收管。天后宫也因此断了香火。

1923年，天后宫寝宫楼内，设县立第三小学；戏楼，东、西看楼则租给中华职业教育社，开设商业学校。中间的大殿仍为天后殿，供信众进香、朝拜。1927年，上海建立了特别市，苏州河天后宫所在的地区隶属上海市三区二十九分部。因难以找到合适的场所，这二十九分部便挤进天后宫内，其中钟、鼓亭和看楼的部分房屋作为办公驻地用。1938年，天后宫大殿经修复，重开香火。1949年以后，天后宫渐无香火，戏台、看楼住进了城市居民。有一度，天后宫大殿还被用作河南北路小学的大礼堂。

1978年，因邻近的山西中学扩建校舍，有关部门拟拆除天后宫大殿。幸得建筑学家冯纪忠先生建议，大殿落架，并迁建至松江方塔园。

▶ 20世纪70年代的上海天后宫，画面下方为改造成居民住宅的门楼（图片来源：《上海天妃宫》画册，2006年）

至此，苏州河畔的上海天后宫，成为一个逐渐远去的记忆，只残存着破败的戏台与看楼。

▲ 方塔园中的天后宫，大殿为图中左侧建筑（摄影：冯立）

修复的建筑，延续的城市文化想象

2006年，由于上海市轨道交通12号线地铁站的修建，天后宫戏台残存的建筑进行了落架，所有的构件在那之后被保存在专门的仓库中。

十多年之后，天后宫戏台终于在上海滨水区域城市复兴的背景中迎来重生。在《苏州河沿岸地区建设规划（2018—2035）》中，苏州河沿岸的历史文化资源与历史建筑将植入更多公共功能，加强与市民生活的联动。天后宫戏台将于2022年在苏州河畔的城市生活中回归。

近年来，上海交通大学建筑文化遗产保护国际研究中心陆续对天后宫戏台留存的砖、木、石等构件进行了细致记录、清点、扫描、测绘检测工作，并在此基础上，对天后宫戏台制定了细致的复建方案。在修缮方案的编制过程中，运用了一些现代科技手段，比如对于戏台保存下来的

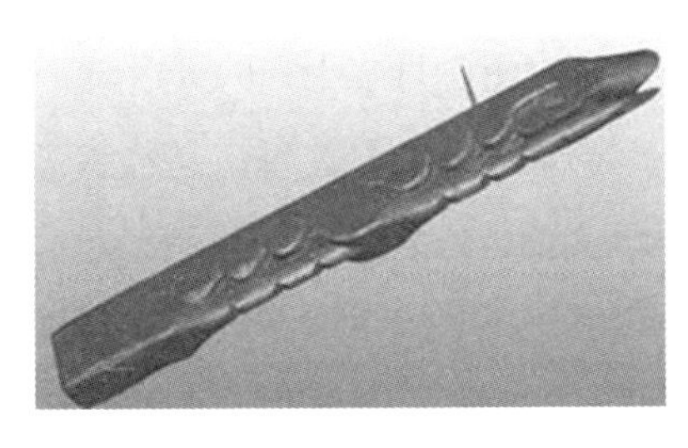
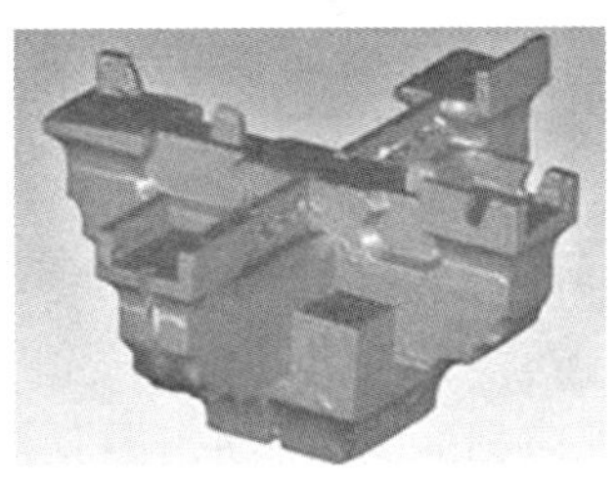

▲ 经过3D扫描的“水浪机”与戏台斗栱构件模型（图片来源：上海交通大学建筑文化遗产保护国际研究中心）

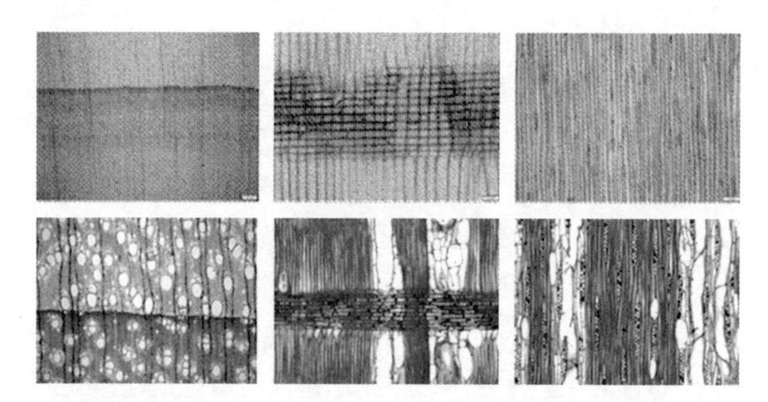

▲ 显微镜下的木构件纤维构造（图片来源：上海交通大学建筑文化遗产保护国际研究中心）

砖木构件进行三维扫描建模，使得历史构件的信息能够最大程度得到保存及还原。同时，对于木构件也进行了细致的材料性能及病害检测，辨明当时营造天后宫所用的木材种类及其残损特点，以更好地修复这些木构件。

2020年4月15日，在一次关于探讨未来天后宫戏台复建后再利用的座谈会上，历史学者熊月之在会上点出，晚清时期上海天后宫的营建故事，正契合这座城市本身面向海洋开放包容的气质。也巧，那天正是农历三月二十三的天后诞。

对于未来，天后宫之于苏州河、之于上海，又蕴含怎样的意义？这些落架后的建筑文物构件，在它们重新经过修复、重回建筑之前，如果能以展览的形式与公众相遇，又能碰撞出怎样的故事呢？是年五月，在离天后宫原址不远处的苏河湾中心城市展览馆，举办了“百年苏河文化风物展”，九件天后宫的建筑构件原物在天后宫珍品展馆展出。

不论历史如何变迁，天后宫骨子里是与水有关的。天后永远面向一片水面，无论是在维多利亚港、苏州河，抑或是搬去方塔园的上海天后宫大殿，莫不是朝着一片水面。上海交通大学建筑文化遗产保护国际研究中心的策展工作也就从“水”的记忆这一题眼展开。

顺着水这一主题，细看上海天后宫戏台的构件，我们发现了各式各样关于水的母题的表达方式。譬如承托檩条的短机修饰成了水浪的形制，而戏台中心的旋转斗栱穹窿藻井，由数百件藻井斗栱木螺旋编织而成，每一构件都饰以水纹，好似螺旋上升的朵朵浪花，四周由镶嵌的弧形天花梁勾勒出水的涟漪。它用简洁的两三种构件，组成了复杂而和谐的戏台穹顶。

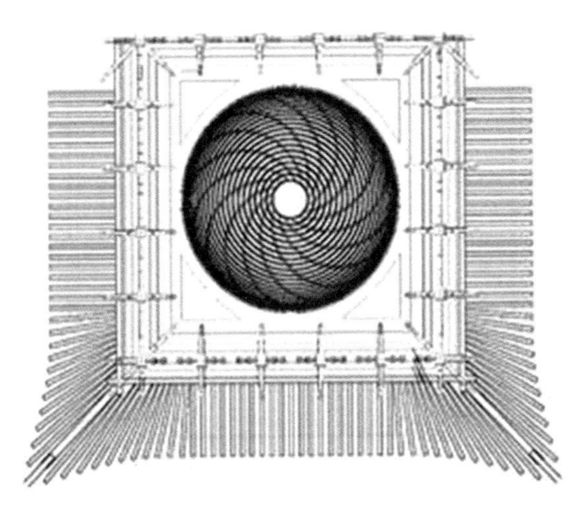

▲ 戏台中心的旋转斗栱穹窿藻井仰视平面图（图片来源：上海交通大学建筑文化遗产保护国际研究中心）

当年修建天后宫的能工巧匠们，有意识地选择将水的主题融入这些建筑构件中，尽管这些细节一不留神就会错过。而落架后的构件，反而给了我们一次能够近距离观赏这些精美构件细节的机会。它们表明了天后宫戏台从建筑、结构、装饰为一体的整体性艺术价值。

展厅的空间不大，我们挑选出了具有代表性的五件砖作、四件木作构件作为展品。

五件砖作，都来自天后宫戏台的门楼正立面。作为天后宫的“门面”，门楼的砖作经过了精心设计。目前保存下来的砖作文物构件，主要有砖雕、砖斗栱以及屋面的蝴蝶瓦及滴水瓦。

门楼的砖细上枋砖雕，是一幅由40厘米长的砖雕件所构成的长卷。画面里海面上升起明月，时而看到骏马岸边饮水，时而穿过一座石拱桥，见到水面上升起的朝阳。现存的砖雕长卷数量约是历史上的三分之二。而该次展览

▲ 门楼的砖细上枋砖雕（摄影：冯立）

中所挑出的四件砖雕，已足以让人一窥砖雕之精巧。

另一件砖作，是位于砖细上枋砖雕之上的丁字砖作牌科，也即砖斗栱。虽是砖作，形式则与木斗栱类似。甚至“三升栱”上的三板波浪形切分，也与木作法别无二致。比较特别的是伸入砖墙的栱，难得一见却很重要，保证了悬挑部分的稳定。

▲ 天后宫门楼历史照片（图片来源：上海交通大学历史建筑勘察设计研究院）

◀“天后宫珍品展”展览现场，砖细上枋砖雕之上的砖斗栱（图片来源：华润苏河湾中心）

展出的四件木作构件，都位于原天后宫门楼北侧的戏台位置。戏台是天后宫的核心，也是建筑细节上最为用心的位置。戏台的木作斗栱，是一斗六升十字式，可以与砖作斗栱互相映照。斗栱下方的檐枋木雕版，描绘了三国演义的故事，亦可与门楼的砖细上枋砖雕两相对比。

在这次展览中短暂呈现的九件天后宫的构件，在展览结束后马上被投入紧张的修复工作中。根据检测，30%的保留木构件有明显残损，还有含水率偏高的问题。在修复

▲ 这块檐枋木雕版再现了“三英战吕布”的场景（摄影：冯立）

▶ 戏台旋转斗栱穹窿藻井中带有水纹的天花梁（图片来源：华润苏河湾中心）

中，木构件残损处用老木料进行镶补，残缺的砖斗栱得到补配，而砖雕装饰构件中的残缺因为已经无法考证当年的图案而保留了原貌，未做修复，以存其真。

当年落架过程中有幸保留下来的1 540件砖构件和1 033件木构件，全部在修复过程中复位。当零散的构件经过细致考证与推断，重新构成一个完整的天后宫戏台整体时，整座建筑的完整性与真实性也得到了最大程度的保留。

保留下来的砖构件，主要集中在天后宫戏台门楼的正立面，包括砖细上枋砖雕、砖斗栱以及屋面的蝴蝶瓦及滴水瓦等。而历史上缺失的砖作，则按照历史工艺恢复，补配到立面之上。而保留下来的木作构件，则集中在建筑北侧的戏

◀ 修复后的螺旋藻井（摄影：冯立）

台一侧，包括木作斗栱、木雕枋以及最令人瞩目的木质螺旋藻井。所有保留下来的木构件，都经过细致修复，并存留了自然的色泽。仔细判别的话，可以看出新旧砖木构件在色泽上的差异，这也是修复方希望人们能在建筑中读到的一种历史的痕迹与信息，凸显新老构件的可识别性。

值得一提的是，天后宫大殿前原来还有一对石狮子，在大殿落架时迁移到了上海豫园的大门前，静静矗立已有四十多年了。这样一来，如今的人们要寻找光绪年间的天后宫，恐怕要费一番周折了。想看当年的大殿，可以去松江方塔园；想看天后宫门楼、戏台及东西看楼，可以来到苏河湾公园；想看天后宫的石狮子，则可以去豫园。

▶ 修复后的砖斗栱以及砖细上枋砖雕（摄影：冯立）

▲ 复建的天后宫戏台（摄影：周平浪）

而当年的钟鼓楼以及寝殿，则或许只能在数字化复原的虚拟空间中见到了。细细想来，这番“周折”不也记录了上海城市发展的变迁，以及上海文化遗产保护观念与手段的演进吗？

未来，天后宫戏台这一承载上海近代风云变迁的文物建筑，在新的时空中，将定位为“文化大事件发生地”，在苏州河畔带给市民更多新的体验。人们对于一座建筑的记忆不仅关乎其本身的物质空间，更在于建筑与生活、庆典、仪式、人物以及数不清的“事件”相连所共同组成的富有丰富意义的网。而修复天后宫建筑，是修复一段记忆，也是创造一种对苏州河和上海这座城市的文化想象。

西墙风雨后：参与四行仓库修缮工程的感想

游斯嘉
上海建筑设计研究院有限公司建筑师

2020年，电影《八佰》以4.61亿美元的票房成为当年的全球冠军。2020年8月11日晚上，我买到了《八佰》提前点映的票。回想起观看电影《八佰》的场景，只记得银幕上的硝烟与观众们压抑的哭声交汇在一起，其他记忆已经模糊。但当灯光暗下，大幕亮起，镜头聚焦于苏州河畔之际，第一次前往四行仓库的场景又浮现在我眼前。

穿过历史风尘，初识四行仓库

2014年6月26日，星期四，下午3时，大雨如注。当时我还未正式入职上海建筑设计研究院，作为一名实习生，我跟随部门的勘查团队，第一次踏入四行仓库的大

▲ 2014年6月，四行仓库外墙管线洞口（摄影：游斯嘉）

门。仓库当时还作为文化用品批发市场在使用。当我迈过堆积的纸板箱，从墙上的管线洞口里，一无所知地向外张望时，并没有意识到这里曾风云际会，不知晓一砖一石有着怎样惊心动魄的过往。

穿过历史风尘，回到1937年7月7日，这一天日本开始全面侵华。8月，日军在上海制造“八一三”事变，淞沪会战爆发。到10月26日，中国军队在闸北区的抵抗日渐艰难。蒋介石命令该区所有军队撤出，以防卫上海西部郊区，同时命令72军88师单独留守。最终留守地点，正是苏州河北岸易守难攻、背靠英租界的四行仓库。

留守军队以88师524团第1营为基干，由中校副团长

▲ 1937年11月，从公共租界看日军空袭后闸北的熊熊大火，箭头示意处为四行仓库（图片来源：George C. Bruce. Shanghai’s Undeclared War. An Illustrated Factual Recording of the Shanghai Hostilities-1937[M].Shanghai: Mercury Press,1937）

谢晋元率领，组成四百余人的加强营，从10月27日夜开始，与日军激战四昼夜，固守仓库不退，打退了日军多次进攻。是时苏州河北岸的华界已全部沦陷，但是每当天色渐明，人们总能看到，在满目的残垣断壁中，四行仓库虽饱受创伤，但仍巍然屹立，露出铁骨峥嵘。南岸的市民看对岸孤军独守的谢晋元部奋勇抗敌、誓死不退，看着硝烟中仓库屋顶飘扬的国旗，无不热泪盈眶。

至11月1日凌晨受命撤退时止，孤军战士牺牲数十人，毙敌数百人。在这几天中，有将士死守、舍身成仁，有市民冒险运物资、连夜送国旗，军民合作谱写了战争年代民族的一曲慷慨悲歌。

当时沪上甚至国际媒体四行仓库战事的报道连篇累牍，聚焦在这些可歌可泣、可感可敬的战士身上，鼓舞了全民族的抗战士气，国际上亦开始认识中华民族坚强不屈的精神。

其实这一段往事，用单薄的文字，并不能表达它带给我的震撼。往事越是惊心动魄、感人肺腑，四行仓库的现状就越令人唏嘘。保卫战发生时仓库西墙直面日军的炮火，损毁最为严重，可谓血肉尽碎，伤可见骨。而当硝烟远去，我们在2014年再次来到这里时，经过多次加建和改造的仓库，已看不到任何当年的痕迹了。

四行倉庫的光榮戰蹟
THE WORLD WILL NEVER FORGET THE HEROIC DEEDS OF THE "DOOMED BATTALION"

▲《良友》画报对战事的图片报道：四行仓库的光荣战迹（图片来源：《良友》1941年第166期）

▲ 1937年四行仓库西墙损毁情况（图片来源：闸北区史料馆）

▲ 2014年10月四行仓库西墙情况（摄影：游斯嘉）

当我再次站在西墙下抬头仰望，觉得它如同一个沉默的老兵，将伤疤掩盖、将秘密埋藏在心中，不曾在后辈面前述说伤痛，只是默默为仓库的使用者遮风挡雨。在凌乱的后期搭建之中，它静默矗立，只有门前的光复路知道它的名字。路上人流熙攘、车来车往，大家都是来“上工批文化礼品市场”的，而“四行仓库”的故事，无人知晓。

其实四行仓库只是没有走入年轻人和大众的视野。仓库的业主百联集团的员工们集资在仓库里设立了“上海四行仓库八百壮士英勇抗日事迹陈列室”，请汪道涵先生题字，并设立了谢晋元将军的铜像。周边的仓库群，也以“四行仓库”冠名。在查找相关资料的过程中，我才知道其实有许多人包括台湾同胞都在寻找它、关心它，为了不能忘却的纪念。

难忘的修缮工程——四行仓库再次走入上海的城市生活

2014年6月，上海市委市政府决定要对四行仓库进行全面修缮，恢复历史原貌，并辟出一部分作为抗战纪念馆、爱国主义教育基地对公众开放。开放日期当时定为2015年9月3日，后又提前到8月13日，留给设计和施工的时间只有正常项目的一半。厚重的历史、大众的期盼、紧张的工期，都一下子压在了设计团队的肩上。并且，四行仓库还是上海市中心城区内唯一一个具有实体留存的抗战纪念地，因此怎样强调它的重要性都不为过。

工程修缮设计工作由上海建筑设计研究院承担，包括建筑、结构、机电等专业团队，设计总师是唐玉恩总工程师和邹勋总工程师。设计团队面对的第一个难题，就是对西墙承载的历史内涵、民族精神，确定应当用怎样的建筑语汇进行记录和传播。西墙经过多次修补和粉刷，外表已看不出任何历史痕迹。对西墙进行的红外扫描无损勘查，也没有更多的发现。

历史的闪光灯在机缘巧合之下对准这里，使四行仓库脱离了平庸的日常，印刻在抗日战争恢宏的长卷之中；而今天我们的修缮同样会被历史记载。因此设计团队慎之又慎，在第一轮方案比选中，针对西墙可能的实际情况，最终做了四个方向的方案设计：假设战争痕迹已完全不存，基于文物建筑保护的真实性，我们不会去“复原”已不存的痕迹，而是采取毗邻设置构筑物的形式，以作为遗址的纪念；针对战争痕迹在西墙有所留存的情形，我们制订了三种方案：全面展示、局部展示、保护留存痕迹不展示。三种方案的选择取舍主要依据文物建筑安全性、现有技术水平、展示效果等方面的综合考量。在甄选过程中淘汰的方案，至少有十几个，但我们的目标只有一个，就是用建筑语汇，去表达西墙带给我们的震撼和感动。

2014年10月，现场全部清场完毕，修缮工程进入正式勘探阶段。10月23日下午4时许，我们在西墙上钻取

▲ 2014年10月西墙取芯（图片来源：游斯嘉）

了一个探洞。取下墙芯的一刻阳光突然穿透进昏暗的室内，仿佛预示着将会有新的发现。

局部去除西墙内侧的抹灰层后，我们发现墙体有着青红砖间砌的情形，这使设计团队深受鼓舞，因为这极有可能是战后修补的痕迹，说明炮弹洞口只是被掩藏了起来，并不是无迹可寻。于是我们和房测团队沟通，请他们整体去除三个整跨的内墙抹灰。第二天我们惊喜地发现，青砖的填补轮廓与历史照片记录的炮弹洞口完全吻合。

这意味着在尊重文物物质遗存的实际情况、遵循原真性原则的前提下，我们可以将饱受创伤的西墙原样展示出来。于是，设计的重心转移到如何展示西墙的战争痕迹上。设计团队又对此进行了数轮方案比选，最终确定了完整展示1937年战斗痕迹的方案。西墙的故事，就让它自己原原本本地诉说吧。

这时，我们遇到了另一个难题，即西墙复原展示加固方案的施工方案设计。这不是舞台布景，而是大量人员使

▲ 西墙内局部去除抹灰层后砌筑砖墙墙体现状与历史照片比对情况。位置：四行仓库五层西墙内南数第二整跨至第四整跨（制图：游斯嘉）

用的建筑，如何保证结构安全、人员安全，同时满足保护要求、展示效果，成为新的设计要求。在经过方案设计、各工种协同设计、现场试样、方案比对后，形成了最终施工方案。方案通过增加钢筋网片和锚固螺栓、背侧内衬墙，洞口周围碳纤维布加扁钢包边等多种方式加固裸露的砖墙，并比对历史资料，恢复了西墙原有的文字。

当脚手架被撤下，修缮后的西墙显露在晴空之下，观者抬头仰望，常常良久不语，许多人用“震撼”一词来描述他们的感觉。这时在设计团队成员的心中，也不禁涌起与有荣焉的小小自豪感。

在做西墙方案的同时，修缮工程的其他工作也在同步推进。每一样工作我们都想要做到最好，不留遗憾。“尊重历史”——我们是这样说，也是这样做的。由于项目的特殊情况，实际上我们是边勘探、边设计、边施工，面对着历史建筑复杂的实际情况和各阶段出现的各种问题，设

▲ 2022年，修缮后的四行仓库西墙（摄影：陈强）

计团队做出的每一个决定，都是基于现场情况、保护要求、使用要求的选择和平衡，从不敷衍。打开我们的工作网盘，光是建筑设计团队成员拍摄的现场照片，就有6 000张，这还不包括大量未上传的个人记录。很长时间里每天都有团队成员去现场，在烟尘弥漫的室内、在烈日下的脚手架上奔忙，只为了我们不曾说出口的誓言。

长河中的一颗小星

距第一次踏入四行仓库，不知不觉已有七载。修缮后的西墙，未来还要经历无数风雨，“四行仓库修缮工程”，也将渐渐成为历史长河中的一句记录。作为我工作后参与的第一个修缮项目，攀爬脚手架时脚步的回响仿佛还在我的耳边，清晰如昨日。

七年以来，笔者参与了各种设计项目，有文物建筑修缮、历史建筑保护和再利用，也有既有建筑的更新和建成环境中的新建建筑。对于我们的工作，常常会听到不认同的声音：修缮历史建筑的花费，常常比新建同等体量的新建筑还要高，这些修缮是否值得呢？英国作家L. P. 哈特利在1953年出版的小说《幽密信使》开头写道："过去如同异国他乡，那里行事不同。"这也是很多人想到"历史"时的第一反应和态度。那些"行事不同"的人所留下的建筑，因何会得到我们的尊重和维护呢？

保护更新设计工作，正是充当过去与现在之间的信使。笔者为工作整理的历史资料查找方法文档，有一个别名，叫做《跨时空追星指南》，我们在历史中追逐的，正是前人在与我们诸多的不同之外，还有那样多与我们同样的情感、审美、记忆与价值认同。这些共同的因子埋藏在我们的血脉之中，让我们在历史中找到自己，和周围的人因共同的记忆和感情凝聚在一起，让我们在纷繁动荡的世界中不感到孤独。而这些共同的因子所达成的对历史的认同，又反过来激起我们对前人的智慧、才华的尊重，让我们不会傲慢自大。

在《八佰》上映之前，四行仓库在寒暑假里来访的人最多，很多家长带着孩子前来参观，希望小朋友受到爱国主义的熏陶，丰富历史知识。我相信我们修缮这栋建筑的方式，四行仓库现在呈现的样貌，对于小朋友们的影响是潜移默化的。笔者所从事的工作，是整个社会的价值观在建筑领域中的体现。当这些小朋友长大了，他们会记得，小时候曾在上海市最中心的城区参观过一座有八十多岁年纪的老仓库，这座老仓库没有因日新月异的城市建设被推倒，而是被精心修缮，得以延年益寿，因为它凝聚了这座城市人民的情感和记忆。这些情感与记忆跨越了重重藩篱，在苏州河畔、也在这些小朋友的回忆中发光。

如果他们进一步对仓库本身产生了兴趣，想要了解东侧的大陆银行仓库为什么和四行仓库紧挨在一起、那些伞形的柱帽可以派什么用场、那些玻璃窗为什么那么高、西墙都经历了哪些风雨，甚至想要讨论为什么要这样修缮、仓库历次的建设者和改造者、他们的痕迹被怎样尊重和保留，那么笔者和老仓库一样，会深感欣慰。在这个场所里，这些话题能够被自然而然地思索和探讨，其本身的意义，已经超出了这一修缮工程的具体实施方式。

笔者经常路过四行仓库，每当抬头仰望西墙，总是怀着深深的感激。这一段难忘的经历，将持续地给我力量。

一场有温度的修复设计：上海总商会的修缮故事

曹琳

OUR都市再生设计研究院建筑师

每次坐车经过河南路桥的时候，都能远远望见上海总商会门楼，这是一座颇有凯旋门气势的建筑，进入门楼顺着甬道才能看到藏在深处的上海总商会大楼。虽然当下我们无法考证1912年成立的上海总商会为什么选址在苏州河天后宫旁，但这里作为江河之际华洋之界的关键节点，无疑是当时极为优越的地理位置。同时，这里与同为河南路重要地标的工部局大楼，在苏州河的两岸，构成两点一线的重要而隐秘的城市轴线关系。

2010年上海总商会迎来了第一次真正意义上的保护修缮，我没有想到自己能有机会参与修缮这座诞生于1916年的百年老建筑，它不仅是建筑史上重要的一

▲ 沿北苏州路的上海总商会门楼（本文图片除署名外均由都市再生设计研究院拍摄或绘制）

笔，更是上海近代华人商业精英推动城市发展宏业的见证者。也没有想到我在苏河湾的现场一晃就是八年。长时间的研究和打磨，使得这个项目拥有比其他工程更加精细化的实践机会，也使其在项目完工后，被意大利百年老品牌宝格丽选中，成为宝格丽精品酒店的宴会厅。

▲ 宝格丽酒店映衬下的上海总商会大楼

传承与活化：上海总商会修缮的意义

上海总商会作为近代上海工商业的缩影和城市切片，经历的变化反映了中国商业的历史变迁，这段历史是这个城市重要的历史记忆。20世纪二三十年代是最能够代表中国近代民族工商业发展的灿烂时刻，也是其最重要的黄金十年。因此我们的修缮与活化以此时刻作为原点，再现上海总商会的历史风貌和昔日上海“黄金十年”“沪上清明上河图”的辉煌盛况。同时借由回到那一刻，让中国百年的商道精神和文化自信力在当下社会得到传承和延续。

上海总商会旧址的保护与活化，已经成为城市遗产保护事业中一个实践成功的典型案例，是纪念近代华人商业精英推动上海城市发展宏业的一处历史文化地标，也是当代历史遗产保护工作者在卓越全球城市目标面前不忘初心、协力奋进的一项建设成就。

精细研究下恢复百年风貌

审慎对待建筑本体百年来的改造和变化，通过精细化的研究论证，恢复百年前的历史风貌——这是八年来从方案到施工，始终秉承的观点。尤其是当我们面对被时间掩埋的历史碎片时，抽丝剥茧，追根溯源。

上海总商会大楼是通和洋行的设计作品，其法国古典主义风格在屋面山花设计上体现出明显的特征。20世纪50年代，由于工厂建设的需要，原先的屋顶及屋面山花被拆除，并在屋顶位置加建了一层建筑，对建筑立面风貌造成严重破坏。

因此，屋面复原设计是此次设计的最大挑战之一，需要在原始数据缺失的情况下拆除后期加建的四楼，并恢复已经损毁的山花及屋面造型。这不仅需要对历史建筑屋面装饰的理解，也需要对通和洋行设计风格的理解。因此，我们利用数量不多的几张老照片和老图纸，通过照片透视法、历史设计图纸比例缩放法、坡度高度对比法等方法进行屋脊高度及形式推断，定出6种形式，再根据三维模型推演，最终经过反复的几何与视觉矫正，最终选择跟历史

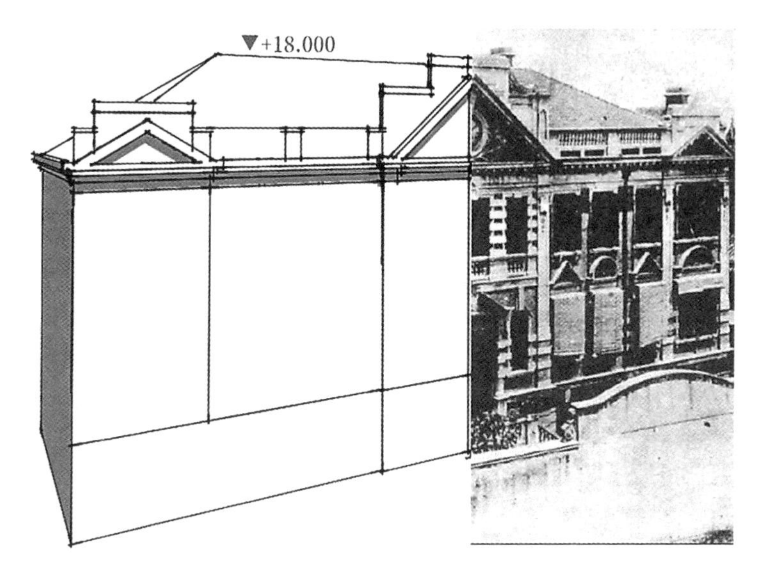

▲ 屋面复原推理图

照片几近逼真的四坡顶进行复原，同时解决设备屋面平台的设置问题。

如今风格性修复完成的坡屋顶和山花，向众人展现了上海总商会建成之初的辉煌面貌，略显冷色的微小色差，也表明了它作为复原的构件的可识别性。

只有围墙见证20世纪20年代的变迁

总商会围墙的材质考证，无意间为我们揭开了一段曾经被忽略的总商会建造史。在很长一段时间里，围墙一直

▲ 立面修缮后

▲ 无意中发现水泥墙背后的红砖装饰线条

都被认为是水刷石材质，并且从未被怀疑过。直到2016年的某一天，我们无意间在一段水泥墙的背后，发现了一小截带有叠涩线条和元宝勾缝的红砖。当时，我们和现场的老工匠都觉得不可思议，这是上海近代历史建筑最常见的两种外立面材质，但它们同时出现在一堵围墙的不同层次上。

为了搞清楚原因，我们决定针对围墙进行一次深入的历史考证，果然有所收获。在1921年全国商会代表大会代表合影照片中，我们看到了第一历史时期的清水砖墙老围墙，印证了总商会围墙最早是清水砖墙面的事实。再翻看1916年上海总商会大楼建成之初的历史图纸，发现总

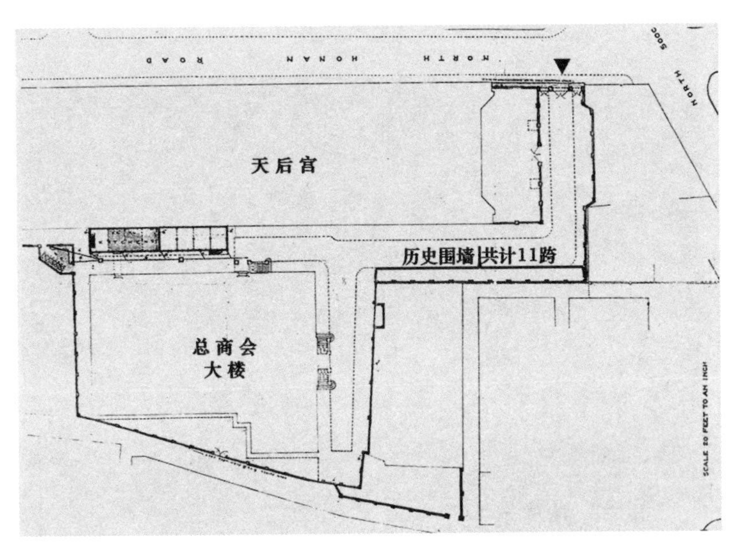

▲ 历史图纸中的老围墙（图片来源：上海城建档案馆）

商会最早的入口并不在北苏州路上，而是与天后宫一同设在河南北路上，当时甬道里的围墙总共只有11跨，比现在少了5跨。而这多出来的5跨围墙是在1921年至1927年间出现的，当时上海总商会新建了门楼，开设了新的出入口，并在原有围墙的北侧又加建了5跨围墙与门楼相连。由于门楼整体采用了20年代上海最风靡的水刷石外饰面，当时的设计师为了寻求门楼建筑与围墙的风格统一，便索性把清水砖老围墙连同新加建的围墙一并覆盖了水刷石的饰面。

面对如此重要的历史考证的研究发现，我们决定将被覆盖的清水红砖围墙剥离出来，与第二历史时期的水刷石围墙并置，呈现出不同时期的痕迹。为了将围墙修缮的思

▲ 工匠修缮围墙

考和修缮的过程完整记录下来，施工单位找了个固定机位，每天8小时，每10秒钟记录1次，不间断拍摄围墙修缮的全过程，从清洗、脱漆、清缝、修补、勾缝、表面增强、拼色到憎水保护，最终这里成为一处特别的文化景观。

◀ 围墙修缮前

◀ 围墙修缮后

构件尺度上重点关注传统工艺的传承

构件尺度的修复技术，难点有二：其一是找回并改良已经失传的传统工艺；其二是历史保护与使用安全之间的平衡。

宴会厅是总商会大楼里最重要的空间场所之一，南北进深25米，东西净宽度18米，上部成弧形吊顶，吊顶最高处约9.3米。在整个室内修复过程中，大尺度的弧形吊顶是最难修复的一部分，尤其是因为吊顶采用的是传统泥板条做法。泥板条工艺，通常应用在面积不大的隔墙或者平吊顶，而总商会吊顶面积达500平方米，要保证其工艺的完整性同时也要达到后期使用要求，必须在传统做法基础上进一步改良。因此在制作小样的过程中，我们调试了基层板条的尺寸，精准地将板条间距控制在2厘米，确保基层上的砂浆与板条的粘合度，增加的钢丝网强化防止开裂的作用，面层仍保持纸筋灰抹面的效果。经过反复测试，最终把弧形纸筋石灰吊顶的做法还原并改良成功，给未来的修缮工程提供了一个成功的案例。

宴会厅室内的侧墙上，原有10对精美的纸筋石灰窗楣装饰。面对倾斜严重的墙体，我们需要立即对其进行加固，但通常文物建筑的墙体加固采用内墙5厘米钢筋网，纸筋石灰装饰将难以保留，而后只能选用GRG（预铸式玻璃纤维加强石膏板）代替纸筋石灰作为新装饰构件装回

▲ 宴会厅修缮前

▲ 宴会厅修缮后

墙上，这一普遍做法导致纸筋石灰装饰成为濒临消失的传统工艺。为了让墙体加固和装饰构件保护“鱼与熊掌兼得”，我们首次尝试将纸筋灰窗楣装饰整体切割，待墙体加固完毕后重新固定回原位，这样既保证了结构的安全性，又能留住原有的纸筋石灰装饰。这一做法在历史保护建筑中首次探索成功，为今后的项目提供了宝贵的经验。

上海总商会大楼前厅的曼陀罗拼花，是具有艺术感的手工不规则马赛克彩色地坪，有红、橙、蓝、绿、白五种颜色，每一块马赛克都是根据图案的造型手工打磨而成。此项工艺要求工匠具有很高的艺术修养和工艺技术，展现丰富的肌理和自然的线条。

▶ 曼陀罗样式的彩色马赛克

由于近百年来地基的不均匀沉降，导致马赛克拼花的中央出现了一条贯通的沉降裂缝，因此必须对其进行修复。

整个修复过程中，最重要的环节就是还原手工马赛克的图案样式。首先用专用清洗剂清除表面污渍和灰尘，基本还原马赛克的本色。其次针对地面贯通长裂缝部位，采用环氧树脂填缝处理。然后根据修缮前的保存状况拍照分析，对照马赛克缺损部位的形状进行图纸翻样，确定需要修补颗粒的形状、颜色和位置。

◀ 马赛克拼花修缮前

准备工序完成后，便开始修补工作。我们先小心剔除过度明显且影响原始肌理部位的马赛克，对尚可接受的部位加以保留，体现不同年代修缮的理念和态度。随后针对每一个缺损位置，逐颗切割打磨需要的马赛克颗粒形状，严格遵照原花纹肌理的逻辑进行补缺，遇到较为复杂的图案，需要反复比对和打磨，直至马赛克颗粒的形状能够与整体纹样相吻合。最后用手锤或用拍板小心拍实马赛克颗粒，并使水泥浆渗入马赛克的缝内，用白水泥加入少量建筑胶，完成马赛克的嵌缝处理。

▲ 修缮马赛克的过程

虽然整个马赛克地坪需要修复的面积并不大，但是每一颗的修与不修，都是我们逐一判断后做出的决定，所以修复的过程花费了将近一个月的时间，最后呈现出的效果

▲ 修缮后的马赛克拼花

不仅保留了历史的沧桑感，也重新焕发出迷人的曼陀罗花的韵味。

未完：为历史与未来共生继续努力着

2018年6月，修缮完成的上海总商会终于展现在公众面前，并在总商会举办了一场为期半年的总商会百年展。通过百年总商会的展览，向公众展示总商会重要的历史变迁以及修缮过程中设计师的成长记录。建筑修复过程中的文字和影像记录也被发布到公众媒体上。自2018年起，每年的文化遗产开放日，静安区组织的行走苏州河活动都

▲ 修缮后的上海总商会

安排上海总商会作为活动的起点，为公众体验历史建筑提供了最直接的渠道。

这几年，上海总商会陆续获得了很多设计类的奖项，也承办了多样丰富的活动。偶尔带人去参观的时候，也会想象如果我们的修缮设计没有选择回到20世纪20年代的辉煌时刻，而是选择把总商会50年代的工厂建设记忆也留存下来加以设计干预，展现多个历史时期的痕迹，或许也是一个有意义的探讨和尝试，可以引导公众对于多元文化叠加的认知。城市更新，是在时间的维度上持续进行着“新”与“旧”的碰撞叠加，在一定时间内为城市的发展注入活力，带来惊喜，沉淀经典，成为记忆。

如今苏州河沿岸正努力成为“卓越全球城市”的世界级滨水区，而我依旧扎根在苏河湾，继续为浙江路桥畔的慎余里项目的呈现努力着。

与百年历史建筑“叶100”的亲密接触：我在创享塔园区做运营

孙蒙佳

创享塔园区副总经理

临近午饭的时候，外卖小哥将车有序地停放在园区划定的区域内，待订单可以配送了，再跑进餐馆取餐；三五个附近社区的居民围坐在餐馆外摆位上打牌，桌上摆着自备的水；咖啡馆门外有三两桌人正在洽谈业务。

在广场的正中间是建于民国初年的瞭望塔。我工作的这个园区也因为这座塔楼而得名“创享塔”——意为将创新和共享理念贯穿到园区经营中。与创享塔遥相呼应的是位于上海市普陀区莫干山路上的M50创意园区。

有时候，我从位于澳门路上的家中出发，沿着苏州河步道步行30分钟便能到达园区。作为土生土长的普陀人，我的生活与工作都在苏州河边，这些年切身感受到了苏州

▲ 创享塔

河天翻地覆的变化——由一条恶臭之河蜕变为生活秀带。

创享塔的更新改造始于2016年，我全程参与其中。2019年，园区开始正式对外运营，现在我主要负责园区的运营和管理。

从军需仓库到创意园区

创享塔，位于上海市普陀区叶家宅路100号，西邻苏州河，东连长寿路主干道。创享塔的历史，可追溯至20

世纪初。

1918年，民族资本家刘伯森在这里创办了宝成纱厂，后来也被称作“叶100”，之后，纱厂在日本人的注资下几经易名，从喜和一厂、日华五厂改名为广濑军服厂。1946年，纱厂被列入国民党联合勤务总司令部编制。1949年，解放军总后勤部上海军需材料仓库（七四九仓库）进驻厂区，1952年撤并划归总后勤部军需生产部一〇二厂。改革开放后，“叶100”在产业升级调整过程中逐渐失去往日的荣光，成为闹市中黯淡一处。

2016年底，民营企业荣联房产和央企新兴际华集团共同合作，开始着手对“叶100”加以更新改造，将原先又脏又乱的物资仓库和建材市场，打造为时尚创意园区，并起名为创享塔。

建造之初的宝成纱厂，由德国设计师设计建造，采用钢筋混凝土框架结构。更新时，则由意大利设计师Per Erik Bjornsen设计，沿用包豪斯理念，融入蒙得里安风格，在建筑外侧展示经典几何图形与简洁黑色线条。

我们公司一直在普陀区做房地产开发项目，根据以往项目经验，我们认为仅仅改造工厂还不够，只有打造开放式园区，把空间做通、做活，房子本身的价值才能更高，才能拥有更高的产能和影响力。经过协商，我们与周边两家园区达成一致，将三家园区外部的空间一起更新，打造全新的“宝成湾区”。

同大多数项目一样，改造过程并非一帆风顺。譬如，在将原来层高6米的仓库空间改造成更符合小微企业需求的、loft风格的复式设计时，为了符合用地规划和消防的要求，前后历时一年半，经历了10多稿设计方案和数次与各政府部门的协调沟通。

另一件令我感触比较深的事情，是2018年苏州河进行整体贯通工程时，我们提出希望能将苏州河步道功能延伸至园区，但由于当时贯通工程没有类似规划，这一设想未能实现。直到园区运营后，在2019年成为夜经济示范点，连通苏州河步道和园区的想法终于被正式提上日程并推进落地。在这个过程中，政府主管部门的思路发生了变化，认可了园区越开放越能把苏州河的烟火气延伸过来，也能把更多景观、商业资源带给老百姓的想法。最终，在政府的大力支持下，我们打通了苏州河步道，留出了园区广场面积，增强了商业配套功能，扩大了共享公共空间。

2019年底，园区改造正式完工，包豪斯风格的设计、彩色的房子、白塔红顶、网红楼梯、银杏广场等极具特色的时尚元素，构成长寿地区苏州河边一道亮丽的风景线。运营至今，“宝成湾区”不仅成为市级党建工作示范点，经济产

▲ 园区改造前后对比图

出也比打通前翻了好几番，在上海的知名度也提升了不少。

从创意园区到共享社区

创享塔从一开始就是按照以文化创意为主、以年轻人为主的活力社区的定位来打造的，但是园区正式运营没多久，就遇上了新冠疫情，因此招商一开始很不理想。

在2020年初，我们调研发现，园区商业租赁者、创业团队以及来园区消费的顾客，基本都来自园区附近三公里区域内，或者因地铁通勤便于抵达，从很远地方慕名而来。于是，我们将园区的定位由文化创意园调整为共享商务社区，核心理念是开放、共享的友好型社区，并且调整了招商方案，允许餐厅外摆。自那之后，更多社区居民前来参观游览，人流量大了，园区活起来了，经营也活起来了。

我们服务于社区，所以很多想法也来自社区，譬如共享会议室的想法就来自隔壁园区的两位老师。她们创立了一家文化公司，从事设计类的工作，有一次跑来问我们，有没有共享空间可以提供给她们使用，方便她们在周末开设教师资格培训课程。她们自己租的工作室空间不大，希望可以利用园区开放的特点，方便她们拓展业务。

我们觉得这个想法很好，去几家入驻企业了解下来，他们都有对共享的、多功能的、网速更高的空间的需求，于是便根据大家的需求开辟了共享会议室。

每到暑假，有些员工会带着孩子一起来上班。2020年暑假，我在和员工聊天时了解到，受疫情影响，孩子暑假无法出游，留守在家也不安全；调皮的孩子在家不受老人管教，只能带在身边。当时我叮嘱他们小心，即便在公共空间里也要注意孩子的安全，尽量不要乱跑。

是年7月，园区举办公益教育市集，招募附近社区的小朋友来摆摊，进行二手物品的交换和交易。我又从家长口中听到了类似的担忧，他们很希望附近能有托班，由老师来带孩子，特别是年纪大一些的家长，还向我表示怀念以前他们所在企业组织的暑托班。

自公益教育市集之后，我们意识到了暑托班服务的必要性，开始和团队筹划，拿出园区600平方米的空间，从园区里的教育培训机构和园区对面的回民小学招募了志愿者教师，并同园区里的餐厅商议，错开午市高峰为孩子们准备餐食。通过我们这个“小生态”范围内的群策群力，2021年暑假，托班开起来了。虽然不盈利，但是这件事让我们赢得了园区企业和社区居民的一致好评。

整整两个月的时间，60多个孩子分在两个班里一起度过暑假生活，原本陌生的孩子们成为好朋友，有些在托班结束要分开的时候还哭了。托班结束后，家长在微信群里和我们一直保持联系，他们很关心托班是否会继续。对此，我们已经给出明确回复，2022年暑假大家再会，有困难我们会群策群力解决问题。

创享塔园区立足于社区，服务于社区，在做运营的过程中，我遇到了很多人，看到了他们的人生故事。租客中有一位港式餐饮店的老板，是个兢兢业业的手艺人，如今已与我成为好朋友。他是上海本地人，从前跟香港的一个大厨做学徒，创享塔运营以后在园区的熊猫星厨美食广场租了一个档位开起了烧腊店。

2020年疫情期间，其他餐饮档位都关门了，只有他一直坚持营业做外卖，生意反而越做越大。后来，他从室内的美食广场搬到室外，租了一间100平方米的店面。到了2021年，他又盘下了旁边的店铺，把餐厅扩大了。现在他的生意主要靠堂食，因为食物价廉物美，深受园区租客、周围居民的欢迎，他家店铺，基本上午市和夜市都是满座，来的都是熟客。

他几乎像扎根在园区，只要有活动，都积极参与，提供餐食。现在他40多岁了，还没结婚，最近我们在园区里帮他物色了一个女朋友，说起来也是美事一桩。

当然，并非所有租客都像港式餐厅老板那样顺利。作为孵化园区，创享塔里大部分租户都是小微企业，很多都是从国外回来的，或者是大学毕业后的创业团队。尽管作为配套服务，创享塔能为有资金困难的中小微企业向普陀区金融办提出申请，但很可惜，在市场情况不佳的背景下，有些创业公司可能坚持半年、一年，就会因为供应链上下游的问题而不得不解散。

大家的故事聚集在创享塔，一个个鲜活的人，让改造后的共享商务社区更具烟火气、人情味。

共享商务社区1.0到2.0

苏州河贯通之后，周边的社区居民，甚至漫步苏州河的市民，都会来创享塔看看，坐下来喝喝茶。无论从经济效益还是社会效益上考量，园区对社区开放并承载一部分街道和社区的服务功能后，受到了周边社区居民的好评，我们感觉自己正在做一件周边老百姓认可和欢迎的事情，有点自豪。

实实在在为民、为企业服务，也给创享塔带来了荣誉。园区被评为首批“上海市民家门口的好去处”“一江一河潮玩地”30处之一。2022年初，创享塔还被评为苏河水岸工业旅游基地。

如果大家有机会来创享塔，我个人最推荐的打卡点有五处。第一处是屋顶花园，每天14:00—19:00对公众免费开放，扫码进入，遇到天气好的日子，可以惬意地在屋顶花园里喝茶、发呆，看最美的苏州河风景。第二处是园区三号楼的网红楼梯。白色的墙，红色的楼梯，视觉上非常醒目，是普陀区拍婚纱照的推荐点。第三处是宝成桥。站在桥上看整个叶家宅路83号园区建筑，蒙德里安的建筑风格特别明显，红黄蓝色调搭，氛围感很强。第四处是园区的广场——可以看到改造后的塔楼，秋天的时候，广场上的银杏树叶子金黄，非常漂亮。第五处是广场旁边开得比较久的“小黄”咖啡店，镜头下也非常漂亮。

未来，我们希望更密切地与周边社区互动，除了保持每月一次的市集外，我们在2022年春节后还增设了创享塔便民服务站。

我们将现有一个面积约200平方米的夹层改造为便民服务站，让一些现在不常能见到，但社区居民又特别需要的手艺活进驻到便民服务站，如修表、改衣、修伞、磨刀等。从事这些手艺活的人多数是老人，能找到合适摊位的地方越来越少，但社区居民在这方面的需求很大，我们想哪怕免费为这些手艺人提供场地，也要将这个便民服务站建起来。

随着苏州河贯通和品质提升，我们希望借力位于苏州河滨水空间的地理位置，依托苏州河文化，利用园区的共享空间，引入一些更具文化特质的活动。比如脱口秀、密室逃脱、剧本杀等；并策划邀请乐队来园区演出，或者是时装秀表演，打造创享塔的文化娱乐品牌；也在考虑举办一些能体现民族文化的活动。2020年中秋节，园区举办了祭月活动，反馈很好。

我希望创享塔是一个有烟火气、没有围墙的园区，它的开放是全域的、全面的；创新是细小的、具体的、亲民的。

▲ 可持续时尚市集

城市更新下，苏州河边，一个棚户区的前世今生

赵晔琴

华东师范大学社会发展学院教授

我的祖先已经悄然远去，但是苏州河的北面却依然被这个城市拒绝。尽管有许多的人从那里走向这里，也尽管有许多的人从这里走向那里。漫漫的历史已经构成一个语词，这个词就是——底层，而在底层的周围，永远弥漫着肮脏、野蛮、贫穷、粗鲁等等等等的语词氛围。所有有过的光荣已经不复存在，城市为自己的美丽和优雅召唤，一个长长的梦在有关法国梧桐的记忆里悄悄再现。

——蔡翔

棚户区：揭开魔都折叠的另一面

> 解放前，沿苏州河的是纺织厂、纺织机械厂，很多外地来的女工就在纺织厂工作，男的在纺织机械厂，他们一批一批来，有老乡有亲戚，后来慢慢聚集在一起搭建私房就形成了现在的村落（曹家村）。
>
> （2003年访谈）

2003年初夏，我第一次走进苏州河北岸的棚户区——曹家村。那个场景我至今依然记忆深刻。曹家村因水而生，依水而居，远远望去，房子密密麻麻，高低不一，高的有两三层楼，矮的就是延伸搭建的棚屋，阴暗、潮湿。整个村子就像围在高楼大厦中的一片石林，或者更形象地说是被群山包围的洼地。曹家村就像襁褓中的婴儿，被工业文明包围着，挤压着。村里拥挤的楼房与城市几乎没有边界，它的一侧紧靠着车水马龙、人潮熙攘的大街，是完全开放式的。街的对面是新建的高档商品房小区，小区由围墙隔着，似乎与曹家村形成了两个截然不同的世界。村里的基础设施极为匮乏，没有下水道，也没有通煤气管道，家家户户用液化气做饭，偶尔还有老人家在狭窄的弄堂里生煤油炉子，那一缕缕煤油浓烟夹杂着炒菜的油烟味在弄堂里久久挥之不去，熏得路人睁不开眼睛。

曹家村的地形分布四通八达，毫无规则可言，一不留神就会迷路。整个曹家村除了两条宽约3米的主干道之外，其余的均只有1.5米左右，最窄的走道连1米也不到，两人迎面走来必须侧身才能通过。“一线天”“亲吻楼”在曹家村里有着教科书般生动的展示。由于楼挨着楼，所以房间的采光很不理想，大部分房间里，白天屋里也要靠电灯照明，很多房间一伸手就可以触到天花板。村里的排水设施不畅，阴沟经常出现堵塞的现象，没有浴缸和抽水马桶，偶尔路过村里的公厕，还可以听到女人们一边大声说着粗话，一边叮叮当当洗刷痰盂的声音……

然而，就在这样一个棚户区里，每天人来人往，热闹非凡。仅有几百米的沿街范围内，小店鳞次栉比，小饭店、杂货店、五金店、理发店、牙医诊所、皮鞋店等一应

▲ 2004年，曹家村（摄影：赵晔琴）

俱全。每天早晚时分，社区入口的主干道两边也挤满了叫卖的流动商贩。狭窄的小弄堂是孩子们的天堂，他们三五成群在巷子里嬉闹乱窜，玩躲猫猫游戏，老人们则坐在家门口用夹着苏北方言的上海话拉着家常，偶尔闻到隔壁租客家传来的呛人辣椒味，还不时叨叨几句……

走进苏州河北岸的曹家村，仿佛打开了魔都的一个折叠空间，彼时的我无疑是震惊和兴奋的。而那一次与曹家村的亲密接触，也让我与苏州河北岸的棚户区结下了不解之缘。此后数年，我一直把曹家村作为都市中的田野，足迹遍布了村里的每一条弄堂。2005年末，曹家村里居住着近5 000户居民，其中3 000多户是来自全国各地的流动人口。那些日子里，我几乎每天都在村里待着，跟着居委会工作人员走街串巷，家长里短，津津有味地听老人们讲述有关苏州河的记忆，“小时候，家里洗衣做饭的生活用水都来自苏州河。那个时候水也干净，后来就不行了，很远就可以闻到苏州河的恶臭。”（2004年访谈）

本地居民则抱怨生活的不易、房价的高昂：“这对面房价太高了，我们可买不起啊！我们也想国家来动迁的，这里实在又脏又乱。但是我们也很难，拿钱的话，根据现在上海的房价，在附近买房子是不现实的事情。拿房子的话，都要到郊区去了，年轻人上下班往返成了很大的问题……”（2006年8月访谈）

更多的时候，我就和棚户区里的外来人口聊天，在沿街的手机店里一坐就是一下午，听安徽来的小老板谈他走南闯北的生意经，蹲在沿街的卖菜点和流动小贩拉家常……村里还有成百上千租房的年轻人，他们来到这座城市，为了生活夜以继日用力打拼。这里就像一个市井生活的万花筒，五光十色，让人应接不暇。

苏州河的涓涓细流仿佛诉说着曹家村的前世今生。然而，曹家村笼罩在“棚户区”“贫民窟”的阴影下，挥之不去，而在所有日常生活的细微之处，曹家村似乎是一个徘徊在都市边缘的另类空间。

蝶变：城市更新的现实与迷思

城市更新源于第二次世界大战后，西方国家为战后重建、经济复兴需要，通过制定、颁布各种计划和政策，借助土地再开发等来解决内城衰败和经济衰退等问题。进入20世纪90年代，在中央政府政策的强有力支持下，上海驶入了经济高速发展的快车道。浦东的开发开放以及中共“十四大”提出的“一个龙头、四个中心”的国家战略促使上海迈入跨越式发展的新阶段。“人均居住面积4平方米以下困难户的解困”和“365万平方米成片危棚简屋的改造”成为这一时期上海城市更新的主要内容。统计数据显示，1991至2000年间，上海拆迁了近2 600万平方米的旧房，安置了600多万居民。

进入21世纪，上海的城市更新加快了步伐。“十一五”期间，上海中心城区共完成二级旧里以下房屋改造343万平方米，受益居民12.5万户。2012年5月，上海市政府召开旧区改造工作会议，提出要进一步加快推进旧区改造工作，列入国家安居工程建设计划的目标是拆除危旧房60万平方米，涉及居民2.5万户。高速的经济发展促使上海城市社会空间结构和社会结构从传统向现代转型，也成为推动上海城市巨变的重要引擎。

在“全球城市”的光环下，逼仄、破败、脏乱的曹家村犹如体面绅士裤脚上的一抹灰尘，显得如此格格不入，而它的命运似乎也早已成为定局。2014年初秋，当我再次来到曹家村时，一个个大大的“拆”字在斑驳的墙壁上显得格外引人注目。一辆辆推土机沿街全程待命，原来人头攒动的热闹街景已经荡然无存，曹家村里大都人去楼空。几经辗转，我联系到当年曹家村的一位居民——老陈。透过老陈的叙述得知，2013年10月，曹家村地块旧城区改建被列入普陀区国民经济和社会发展年度计划，经过居民意愿征询和房屋征收补偿方案征询后，拆迁正式启动。本地居民大都被安置到了郊区新建的保障房社区中。老陈家原本昏暗局促的陋室变成了敞亮的三居室，儿子儿媳有了新房间，孙女也终于有了自己的独立空间。

2009年开始，为保障中低收入人群“住有所居”，完善城市空间布局，上海市政府在市郊战略性地规划建设了若干大型居住社区。我们在对上海郊区保障房社区的调研中经常听到动迁居民对动迁后生活的不满与诉求。搬到郊区的居民经历了生活结构的断裂与重建，其中不乏挣扎、矛盾与冲突。离开了几代人聚居的苏州河，他们有不舍和留恋，但更多的是对搬迁后的新生活的无限憧憬和期盼。近些年，随着政府对保障房社区周边公共配套资源的逐步投入和发展，就医难、出行难、缺乏商业网点等问题也得到了较大的改观。2018年，我们对上海多个大型保障房社区居民的追踪调查显示，相比五年前，保障房社区居民的生活满意度有了明显提高。

然而拨开凡此种种，我更关心的是改造背后的问题。面对整体性的改造，人们的社会生活发生了哪些变化？在苏州河沿岸士绅化的改造中，人们如何重建日常生活？特别是对那些落脚城市的外来人口来说，城市更新对他们又意味着什么？曹家村在拆迁之前就聚集了3 000多户外来租户，他们绝大部分处于非正规就业领域，从事着诸如小商贩、饭店服务员、打零工等工作，拆迁之后，他们四散各处找房子搬家或回老家。在城市工作、生活，甚至举家迁移多年，他们依然被隔绝在现有城市安排与制度之外。与本地居民可以获得住房安置相比，大量的外来者在城市改造过程中被边缘化，使得他们在城市中更加居无定所。自上而下的城市更新改变了地域的结构化模式和城市人口的空间流动，也变革了人们对城市的使用方式。

苏州河：不能忘却的集体记忆

静静流淌的苏州河诉说着上海这座城市的繁华与现代、精英与俗世，平静的河面映照出两岸发展的岁月华章。这里孕育了上海近代的工业文明，也构筑起新旧交替的藩篱。棚户区在城市化和工业化的进程中悄然逝去，没有挽歌，也没有檄文，有的只是在它们的废墟上新建文明的欢呼与雀跃。城市更新是城市发展的必然要求，也是上海提升城市综合活力，迈向全球城市发展的内在要求。但是城市更新并不仅仅是简单地拆除和重建那些被认为是差的、脏的、危险的社区，它更深入地作用于城市中的不同社会群体，促进或加速了本地结构和社会结构的转变。城市更新不仅仅是物理空间意义上的除旧纳新，它更涉及城市地理空间和社会空间的重组与重构。

旧社区的拆毁和代表现代工业文明的新社区的建立是城市规划意识下的系统工程。随着苏州河两岸的景观治理不断完善，沿岸小区的房价也水涨船高。如今，在曹家村的旧址上矗立着一幢幢沿岸景观豪宅，令人咋舌的房价犹如天文数字般的存在，让人望而生畏。这种高品质的士绅化生活方式无疑满足了人们对上海这座国际化大都市的当代想象与完美诠释。

2018年底苏州河进入了环境综合整治第四期，也标志着迈入全流域综合治理的新阶段。历经百年沧桑的苏州河从远近闻名的脏乱臭到水清景秀，从碎片化的滨水岸线到沿线景观步道的贯通，如今的苏州河沿岸已然成为市民休闲、漫步的亲水公共空间。从繁华都市的“黑丝带”到亲水生活的滨水秀带，作为上海的母亲河，苏州河见证了上海近代工业的发展进程，也承载了几代人的集体记忆。当都市的脚步在历史的车轮声中逐渐远去，有关苏州河北岸的底层记忆却显得如此弥足珍贵。

市民共享的苏州河

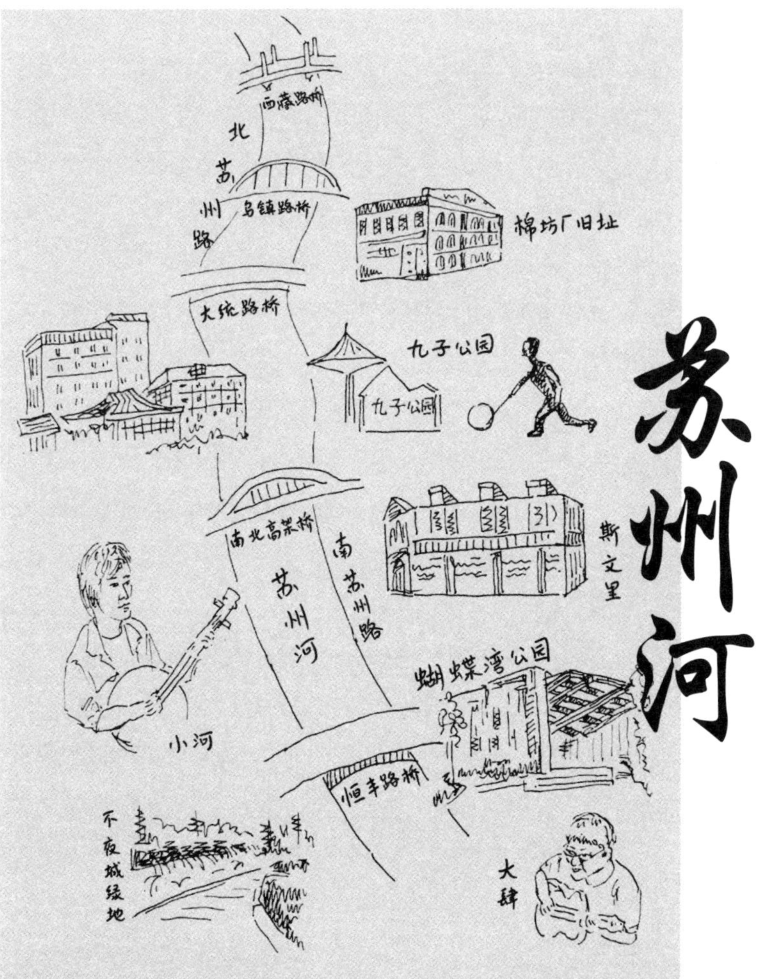
西藏路桥
北苏州路
乌镇路桥
棉纺厂旧址
大统路桥
九子公园
九子公园
南北高架桥
苏州河
南苏州路
斯文里
蝴蝶湾公园
小河
恒丰路桥
不夜城绿地
大肆

沿苏州河而行，与人相遇，与自然相连

沈健文

澎湃新闻特约记者、“2020沿苏州河而行”项目负责人

“沿苏州河而行”源于2020年初澎湃研究所所长张俊的一句话，那时新冠肺炎疫情刚平缓，我们在他的办公室里聊2020年的计划。他像是随口一问，“能不能走走苏州河？”我一想，在疫情的影响下，原本计划“博物馆里看上海”是看不成了，如果能在开阔的户外空间漫步，问题应该不大。再一搜索，上海市政府原本就有2020年底贯通苏州河岸线公共空间的计划，如果能在贯通的同时发起公众一起漫步河岸公共空间的活动，讨论一些问题，也挺有意思的。

经过一段时间的准备，从历史资料、地图、新闻、影像中收集到基本的信息后，我一边看着地图，一边计划着把苏州河普陀段全程21公里（两岸步道共42公里）分

隔成10段，每段定向邀请1位专业领域的嘉宾，并招募5—10位对苏州河感兴趣的漫步爱好者一起，分10次走完从外白渡桥到外环的苏州河河岸。

开始行走前，我和几位愿意来充当工作人员的漫步志愿者交流各自对苏州河的既往印象。由于我们当中年龄最大的也是80后，多为90后，而且并不都是土生土长的上海人，即使出生于上海的也不生长在苏州河边，因此对苏州河的认识最多也不过是“臭河浜经过治理变得没那么臭了”，仅此而已。至于苏州河为什么叫苏州河，源头在哪儿，通往哪里，这些都是文献知识，并无亲身体验。

后来，我又请教了几位师长、前辈和同辈，在行走过程中可以探讨哪些问题，发生过哪些好玩的事。在一次远程聊天中，汤惟杰老师说起很多电影都取景于苏州河边，并力荐阅读王安忆的小说《富萍》；策展人施瀚涛说起以前人们可以在苏州河里游泳；摄影师姚瑶领我一起去拜访了反复拍摄苏州河的陆元敏老师，翻阅着《苏州河》画册，听陆老师讲那时的社会景象；还有一些印象来自艺术家吴梦，几年前一群艺术工作者跟着一位美国教授每年走一段苏州河，那时“断点”非常多，但他们几乎绕着路走出了上海……这些都成为后来我们自己行走、漫步的基础和灵感来源。

漫步志愿者招募启动后，每月至少一次的行走和在澎湃新闻网站上的同步更新催着我往前，不再有时间停下来细想，直到完成了全年的计划后，才能开始回味。也许当时我们的讨论并不很充分，完全不能替代专家和政府决策者的意见，但当我们一起漫步的时候，有一个共同的身份——市民。以市民的眼光，体会彼此的感受，听取彼此的见解，完成一段旅途，并在公共媒体上有所呈现，引发更多关心上海变化的市民同步来感受这些变化，这就是我们做的。

夏天天气最热的时候，我们用观影和读书会延续行走本身，换了一种方式保持对苏州河的关注。有些问题在他人的经验和智识的碰撞中可以得到回答，有些问题没有回答，但往昔已经发生过，有人进行过沉思。“开卷”和“行路”彼此补充，我的希望是对参与者来说能获得更多进入苏州河的视角，从我们这个小小的群体开始，把城市的包容性实践在每一次的相遇之中。

漫步结束后，志愿者之一王越洲在录制一期他自己的“城记”播客时问我，苏州河对我意味着什么。我说，曾经和苏州河不太熟，现在苏州河成了“熟人”，每次经过它都想关心一下它的现状，经过别的河流，哪怕在别的城市，我也会想多看两眼。对我而言，河流对城市的意义，经历过亲身的行走，很难再无视。它是自然的赠予，也是对人与自然相处方式和改造限度的提醒。它是我们观照自己的一面镜子，也能折射城市对多样性、多元化的包容程度，在鸟鸣和蛙鸣中，在人们的耳语中，在两岸的塔吊轰隆声中。

2021年，澎湃研究所的办公室内成立了苏州河体验小分队，我们重新回到靠近苏州河和黄浦江交汇的河口，深入两岸的腹地，把街区内可以与河岸相连成为游览路线的小型公共空间作为主要考察对象。这些行动让我们的体验不限于漫步河岸时看到的苏州河，而是对它的过去和未来都有了更多理解和想象。

漫步路上的人

在路上遇到的人，有我们意料之中，也有出乎我们意料之外的。他们的视角补充了我们自己的经验所限。而漫步者也在经历了路上的所见所闻后，不经意间产生了观念或想法上的变化。

有一次，我们经过修缮中的七子公园所在河岸段，遇到一位钓鱼小哥。他很反感我用随身携带的小型摄影机拍摄他，后来我们没有在网站上播放那段视频。但从他的讲述中，我还是了解到他对苏州河什么时候涨潮、什么时候落潮、什么时候有活鱼、什么时候有死鱼、什么时候有甲鱼、什么时候会漂浮不该漂浮的东西，几乎都了如指掌。他看起来很年轻，却已经在同一段河岸钓了好几年。他曾被其他人拍摄并上传到网上，管理者似乎利用那段视频将原来允许的钓鱼时长缩短了，同伴之间对他有些议论，因此他很怕同样的情况再次上演甚至恶化。至于苏州河边随处可见的“禁止捕鱼”“禁止钓鱼”“禁止垂钓”的告示牌，他不屑一顾，甚至有些忿忿："为什么不管管那些往河里扔垃圾的人?"

还有一次，我们和有人基金会、金盲杖独立生活、OCAT上海馆合作举办了盲行苏州河漫步活动，邀请了视障朋友作为体验活动的导师，带漫步者一起走过静安苏河湾段的河岸。这一段的步道上少见地设置了盲文、中文和英文结合的景点介绍牌。当我们这些"健视者"跟随视障朋友一起在屏蔽视觉的情况下走到这里，才意识到，视障人士在没有声音或其他感官提示的情况下，是不会发现这些可以摸的信息牌的。如果步道的规划者、设计者能在设计盲文信息牌时邀请视障人士体验后再正式投入使用，这番好意也许更不容易被浪费。此外，由于苏州河步道全程都只被作为景观绿化地块规划，而非交通意义上的人行道，因此没有全程铺设盲道。

漫步者徐亚萍在参与"沿苏州河而行"时刚来上海工作，漫步活动伴随着她融入上海的第一年。她用自己的专业知识在澎湃新闻"沿苏州河而行"专题中评论和苏州河相关的纪录片和影像，同时还在苏州河观影会上担任嘉宾。发表在澎湃新闻网站上的《17位漫步者的苏州河关键词》一文中，她提到了自己对苏州河的认识有了些许变化："再去看苏州河的时候，就不能很简单地把它过于浪漫或神秘地想象成一个水景，或者是景观本身。在文化的层面、居住的和生活历史的层面，会让我产生很多的疑问，产生更多的好奇。"

新闻专业的张廷钰在参与漫步的时候刚好处于毕业前夕，她成为“沿苏州河而行”的志愿者，担任过logo设计、摄影、背景资料检索和讲解等工作。她在音乐人孙大肆领衔的“唱桥会”——一次镶嵌在漫步中的共创活动上贡献了一句经典歌词：“如果没有一点点臭味，苏州河和其他河有什么不一样”，以及歌名“最温柔的水鬼”。她在回顾中写道：“苏州河为我脑海中上海的空间区隔构建了新的坐标系……有的时候发现自己跟朋友说去哪玩，约在哪见面，然后我说旁边正好是哪座桥，正好是苏州河的哪个弯，朋友就会很吃惊，说你怎么年纪轻轻跟中老年人一样，知道河旁边有哪些桥，怎么走，去哪散步，还有什么公园。”

当时还在《城市中国》担任编辑的佟鑫正好和同事在前一年调研过黄浦江两岸的滨江空间，和我们一起走过苏州河靠近外环的一段后，他写道：“最受启发或者得到最多的就是身体对空间的感触，可以很明确地感觉到黄浦江的空间跟苏州河的空间是非常不一样的……我觉得苏州河的空间，它的功能定位最主要还是给附近居民，其次才是城市级别的游览者和爱好者。但是我觉得现在的贯通程度和质量其实还要继续提高，因为我们看到很多地方还没修完，能提供的服务还不是特别全，还有待大家去发现吧。”

也许河流在大部分时候是无声的，但当我们能彼此谈论它并倾听时，就好像能靠近它、听到它了。

如 果 有 一 天

2021年，我们在行走苏州河两岸腹地时发现，每一段滨河步道上都竖有一块画着许多“禁止”标识的告示牌，禁止的项目种类多到眼花缭乱。仔细看时，其中有些条目让我们不太理解：禁止遛狗——遛狗有一半几率是狗领着人走，狗不会看着告示选地方；禁止放风筝——窄窄的滨河步道大都不是开阔地，一般人不会选择来这里放风筝，只有特定路段需要；禁止轮滑——大多数滨河步道上并没有坡道，喜欢玩滑板的人会选滑板公园或有坡道的广场，至于旱冰鞋和滑板车，如果只是作为代步工具，更没有理由禁止。到了年底，上海市出台了《上海市黄浦江苏州河滨水公共空间条例》，对遛狗、垂钓、放风筝、烧烤、跳广场舞以及进行滑板、轮滑、无人机飞行活动不再一刀切式地禁止，而是允许“在特定区域、时间段内进行”。之后我很少经过苏州河，不知步道上的禁止牌是否也更新过了。

经历过“沿苏州河而行”的漫步者大都能随口对苏州河如数家珍般举出几条常识——它是一条经过治理、还在进一步净化的内河，也是吴淞江通往海洋的入海口；它曾经是从上海通往苏州的运河，过去和未来都是生活在河的两岸的人共同的纽带。同时，我们还有一些有别于客观知识的感受——它不只是我们观看、研究、讨论的对象，更是我们会走过、停留、感觉的自然物。它比我们存在的时间都要久，值得我们在靠近它、向它索取的时候给予敬意。最后，也许出于对它和对我们自己的关照，不妨提一提建议——它应当是所有居住、规划、治理上海的人尊重自然的入口之一，正如黄浦江和上海其他的水系也是。

也许“沿苏州河而行”只是每位漫步者人生中的一段插曲，但也可能是很难忘的。漫步已经成了关心城市的人可以共同参与并共同创作的方式。同时，行走苏州河不同于仅仅行走在建筑间，渐渐地我们会意识到，能向自然学习的地方还有很多。每件事的面前可能都会产生不同的立场，背后有不同的利益、团体、专业归属，但除去这些外表和标签，还有很多共性，我们都只是自然的一部分。

寻找亲切的地方：从“没有围墙的公园”说起

施瀚涛
策展人

“没有围墙的公园”是2020年多伦美术馆的展览“公·园”中的一个特殊单元。2020年新冠肺炎疫情刚刚有所缓和的初夏，澎湃新闻“城市漫步”栏目推出了其年度项目“沿苏州河而行”，邀请市民一起沿着正在改造并即将贯通的苏州河两岸步道逆流而上，在一系列周末的行走、探访和讨论活动中，了解这一城市空间的新变化。在此过程中，应“公·园”展览的邀请，“沿苏州河而行”的部分参与者在活动中重点关注了苏州河沿岸及周边的公共绿地部分，从实地景观、动植物形态、沿岸的不同人群，以及参与者自己和地方的关系等不同角度就这些新的绿地空间展开考察。最终有9位（组）艺术工作者、设计师、学生、公司白领等不同身份的参与者，以照片、录像、装置、绘画等媒介和相关主题创作了艺术作品，并以“没有围墙的公园”为题在展厅中集中呈现。

2020年是苏州河河滨空间改造的关键时刻，当年底，河流两岸基本打通并建成沿河42公里的公共步道和绿地；而此前的2017年黄浦江两岸45公里岸线已经贯通。2021年上海市规划和自然资源局专门出版了《一江一河：上海城市滨水空间与建筑》一书，详细介绍了滨河空间改造的目标、意义和各个分区域内的具体项目。

另外，“没有围墙的公园”不仅存在于苏州河、黄浦江两岸，它也是近年来上海城市空间中方兴未艾的新的绿地形态。自21世纪初开始，上海的城市公园逐步向市民免费开放；近几年，许多公园又开始拆除围墙，以更为开放的姿态为市民提供休闲生活的空间。同时出现的还有很多其他类型的开放绿地和公共空间，比如社区的口袋公园，小区公共绿地，大型道路和高架道路沿线的绿地，乃至大学校园、商场、美术馆周边的绿地，等等。可以说，“沿苏州河而行”与“没有围墙的公园”都敏锐地捕捉到了城市空间和公共绿地形态的新变化，并以积极的姿态对此作出回应。

笔者想在本文中进一步展开讨论的是一个在活动当时及之后一直在思考的问题，那就是：苏州河两岸的变化以及近几年新的公共绿地和开放空间的出现，对于这个城市究竟意味着什么？在此所问的当然不是空间的实际功能和物理样貌的变化，也不是要评述变化本身的优劣好坏。这里想问的是，如果我们将城市看作一个简·雅各布斯所说的活的有机体，而且它在绵延发展的过程中会逐渐形成其独特的个性和身份的话，那么上述这些空间变化对于这个有机体究竟意味着什么？它是怎样影响着城市的社会和文化含义的？而且，它为什么会在今天，以这种方式，发生了这样的变化？

笔者想要在此引入人文主义地理学学者段义孚的著作《空间与地方：经验的视角》，作者在书中对空间和地方这两种地理概念做了深入的分析和对比。他认为空间是一个和时间一样的人类生活的基本坐标，一种知觉的对象和“缺乏意义的领域”。而地方则是一个由人的经验不断积累而成的“具有既定价值的安全中心”，是健全的人格和身份认知的基础。在这个命题中，人是万物的尺度。从婴儿开始，人就以知觉感受来建立和发展空间意识，而当他的个人经验不断地返回和停顿于空间中的某个特定地点、事物或者人的时候，就形成了地方。空间意味着自由，而地方意味着安全。人既需要地方的庇护和抚慰，也需要空间所给予的想象和探索。

这里需要强调是，如书名所表明的，作者的讨论是从经验的角度展开的。段义孚认为对于地方的认识来自人的视觉、听觉、触觉、嗅觉、味觉等直接和主观的感官体验，它们超越了单纯的知识、技能、数据分析和理性规划所涵盖的范畴。

我想把苏州河看作这样一种空间和地方两者相互渗透的存在——苏州河既是一个物理形态、一个地图上的标识、城市规划和管理的对象、一个抽象的存在，也是无数市民在长久的生活中积累起来的丰富的生活体验和记忆，内含着各种人与人、人与空间、人与物的复杂关系，而且有着彼此心照不宣的共享的价值认同。

苏州河依然是一条由西向东横穿上海的河流，但是在过去二三十年的变化中，附着其上的人群和社会生活发生着彻底的改变；人们对于这个空间的体验，与这条河流的关系也在发生着改变。这种变化可以看作随着时间的流逝，在同一个空间中所形成的地方的更替。在时空转变和新旧更替之时，在不同社会历史阶段，在这看似同一个空间里，却已经是两条不同的河流，是两个甚至无数个不同的地方。

“亲切的地方”

那么，借用段义孚的经验的视角，苏州河这个空间在改造前，究竟蕴含着怎样的地方呢？ 这就不得不提及上海本地摄影家陆元敏先生拍摄于20世纪90年代的系列作品《苏州河》了，它也是了解当时上海日常社会生活的一个重要的视觉文本。

根据艺术家自己的回忆，他是从1991年开始拍摄苏州河的。当时他上下班总有一段路会骑车沿苏州河而行，被沿河的生活场景和城市景观所吸引，便开始顺路抓取一些生动的瞬间，节假日也会专门去闲逛和拍摄，一拍就是十年。在他的照片中，我们可以看到那时候河流的两侧停满驳船，中间的河道有长长的拖船穿行往来。沿河一连串的工厂和仓库，工人、船民和吊车在忙碌地工作。河上的每一座桥上都有着密集的人流和车流，而小贩们总能给自己找到一个空隙做着生意。在一张照片里，船舱顶上摆着一碗菜和两瓶啤酒，两位船民正从船舱里爬上去，显然打算享受夏天室外的惬意。而另一张照片里一个女人两手端着饭菜通过跳板从河岸走向船舷，她应该是刚从岸边的小饭店出来，给船上自己小小的家准备晚饭。还有一张照片中，三四排拖船紧挨着泊在河边，里面有一个小女孩隔着舱门与另一条船的船舷上的小狗互相对视。当然陆元敏的作品画面还有很大一部分是沿河的小店、住家和日常物件，以及散布在这些拥挤的空间中的人，他们相聚打牌下棋、晒太阳聊天，驻足望着河流，或者匆匆路过，有的神色安逸，有的专注，也有的焦虑。

在这些照片中，各种身份的人物都汇聚在苏州河沿线的这个空间里，他们的轨迹和视线在河岸上下、桥上桥下、里弄和工厂、车窗内外相互交错，让人觉得散乱、嘈杂，但又各得其所。同样地，金宇澄的文章《此河旧影》中也对苏州河有着细致入微的描摹，可谓声色味俱全，就像一段电影画面：

> 桥南叶家宅的窄巷方向，听到一句邓丽君甜糯的音乐，然后被晚风带走了，小饭店的铁勺叮当作响，吃过夜饭的人家便是洗牌的哗啦声，本滩的调门，江淮戏的调门。燎原电影院的舞厅就要开始卖票，乐队成员如果住在徐汇，此时应准备骑车出门，牙膏厂的味道从南面飘来，刮西风就是三官堂桥堍造纸厂的刺鼻纸浆味。天在暗下去，武宁桥轧钢车间的出炉钢锭，此刻应该更红更耀眼，河水相对凝结，远看那些点灯静泊，一簇簇的船家，逐渐发了黑，弱小下去，将要被河岸的石壁吞灭；知道接下去的时间，河上的行船就少了。

我们可以想象作者是站在叶家桥头看着苏州河的黄昏，被各种声音、气味和颜色包围，但这些感觉又带有着方向、过程、对比，让人身临其境。这篇文字是以繁复叠加的各种身体感受来讲述苏州河这个地方的，这里未及援引的还有很多类似真切的体验。比如冬天河上的北风，男人和女人站在船头的姿态，以及与苏州河并行的淞沪铁路与中山北路所形成的驳船、汽车、火车三种声音的交响，甚至大地和水面的震动和起伏。更有意思的是，有时候这些体验并非单纯感官所受到的刺激，其中还隐藏着更多的信息和意义。比如下面说到苏州河边普遍的苏北乡音的一段：

> 乡音到此根深叶茂，继承代代传承之力，极其亲切，人也就爽快相认个把的岸上黄奶奶、李阿姨几门干亲，结识修车摊老王或大饼店老张——这就是上海工运历史里最著名的潭子湾了，几代移民到上海的第一登陆处，苏北乡人皆知的温情上海河岸，于城乡之间，坚如磐石，也若即若离，早潮时淹时现，大众心里当然的一块息壤。

在这里，声音不仅仅是听觉感受，而且是人和人之间的连接和认同，甚至催生着一片“息壤”。孙甘露在《此地是他乡》中说，在城市里是没有故乡的。但“息壤”不一定是故乡，它只表示一片人们可以获得休息和展开日常生活的土地，蕴含的是当下真切的感受和感情，这正是段义孚的“地方”之所谓。

上述的文字和照片中所传递的生动感受在段义孚的书中可以被称为一种“地方的亲切经验”，而苏州河正是这么一个“亲切的地方”。段义孚认为，“亲切经验埋在我们的内心深处，我们不禁确实缺乏语言来形容它们，而且甚至往往没有注意到它们”。这种经验是“专有的，且是私人的。它们可能铭刻在人们的记忆深处，每当回想起它们的时候人们就会获得强烈的满足感”。而且它“必然是一种真实的感受”，不一定要有传统意义上的审美感，也可以是微不足道的东西，比如母亲的臂弯或者一棵普通的树，但它一定不是某种比如说旅行中看到的新奇的或者特别的东西。亲切的地方是日常的，离你很近，哪怕有一天它在地理上离你很远，但亲切的经验是可能随时回来的。

段义孚在书中指出，“可见性”是创造地方的基础，有各种不同的因素影响着地方被看见，被感受。而艺术家的神奇之处就在于，他们能够让不可见的经验变得可见，让过去的生活得以被反复重新观看，也让那些零碎、分散、个人的生活经验汇聚成一个群体的互相认同，实现一个地方的身份。但是“可见的”苏州河并非只有金宇澄和陆元敏作品中的“亲切的地方”这一种，如果我们关注一下当时乃至今天的一些媒体的报道，以及人们对于改造前的沿河区域的回忆，在20世纪90年代其实还存在着“另一条”苏州河。

地方的更替

这“另一条”苏州河被称为“没有盖子的垃圾筒”。沿河有很多垃圾码头、粪码头，每天有拖粪船和垃圾船将上海市内的生活垃圾运往苏州河上游的郊区去处理。这条苏州河的河水是黑的，严重时每年有四分之三以上的日子散发着臭气，曾经有很多年政府还会公布每月和每年的黑臭天数。沿河的工厂不停地排放着污水，烟囱里冒着黑烟。河上的每一座桥几乎都是城市南北交通的瓶颈，桥上好像永远堵着一排公交车和卡车，喇叭声、自行车铃声和三轮车夫的吆喝声此起彼伏。而一说到沿河的居民区，“三湾一弄”（潭子湾、潘家湾、朱家湾、药水弄）常被作为典型。

这片地区自20世纪20年代开始就成为顺流而下来大上海寻求生计的苏北农民的落脚点。他们在这里搭建棚屋安家，并逐渐连接成一整片棚户区和滚地龙。他们的居住环境是肮脏和拥挤的，居民的文化水平和收入水平是低下的。而且这里的治安环境堪忧，是所谓闸北区流氓的聚集地。尤其当不远处的“新客站”建成以后，这里又逐渐积聚起黄牛、吸毒者、性交易者等社会边缘人群。从80年代开始，这些关于苏州河的描述和理解就逐渐在各类新闻、小说、电视剧里得到体现。在《穷街》《大桥下面》等电影里，苏州河边的生活也总是呈现着贫穷和困苦的样貌。

这条苏州河就像是一片东西横贯于城市中心的飞地，与90年代逐步改造中的上海其他城区空间的面貌反差越来越大。在当时“一年一个样，三年大变样”的口号和叙事中，这片飞地代表着一种必然要被抹去的落后的生活方式，甚至是有害的社会形态。可以说，这是当时关于苏州河的主流叙事和认知。而尽管陆元敏和金宇澄作品所描述的那条苏州河与它存在于同一时空之中，甚至可以在两者之间找到各种有趣的对应，但显然前者在当时是极少“可见的”。而关键是，这条肮脏的、破旧的、危险的、落后的苏州河，才是今天崭新的苏州河得以存在的逻辑前提；是它的存在让我们找到了今天这条绿色的、休闲的、优雅的、先进的苏州河存在的理由。

在《一江一河：上海城市滨水空间与建筑》一书中，规划者对于苏州河的定位是“打造成为宜居、宜业、宜游、宜乐的现代生活示范水岸”。从长期来看，上海的“一江一河”还被期待成为“城市发展的动力”“城市建设的T台”“百姓生活的舞台”“上海明天的孵化器”。从这些激动人心的规划和展望中，我们可以感受到，苏州河就像一张崭新的白纸，正接受着规划者为它谱画的美好未来。

苏州河命运的更替其实对我们并不陌生。在过去二三十年间，不仅是苏州河，上海的很多地方都在发生着类似翻天覆地的变化，幸亏有一群持续关注这个城市的摄影家，他们的镜头留住并让我们回忆起一部分当年的景象。

苏州河沿线的变化是整个城市更新过程的一部分，在过去三十多年时间里，这些变化似乎成为我们的日常，它理所应当地发生，有时候甚至都感觉不到它的存在。但如果我们把这短短三十多年历史的前后两端做一个直接对比的话，就会发现这一变化是异常激烈和断裂式的。这样一种感受在大卫·哈维的《巴黎城记——现代性之都的诞生》一书中也有过深入的讨论。

作为历史地理学者，哈维的研究对象也是空间。但是与段义孚对于人在空间和地方中的经验研究不同的是，他指向的是空间背后的政治经济关系。哈维将巴黎的改造看作列斐伏尔的“空间生产”理论的典型表现，他的分析对于我们理解苏州河的变化，乃至20世纪末开始的上海城市变迁也具有非常直接的参考价值。

艺术史家T. J. 克拉克认为，“奥斯曼对于第二帝国巴黎的重新形塑，背后仰赖的正是资本主义对于巴黎是什么与巴黎会是什么的再想象”。今天许多城市更新项目出现的基础也同样来自规划者对于这一区域未来的想象。但是如哈维所说，“巴黎的某些街道就如同败德的男人一样，有着不好的名声。另外也有高贵的街道，体面正派的街道，以及还年轻、民众还为能对它的道德性产生意见的街道”。在城市再造中，城市空间或者具体的街区总是首先被赋予一种道德判断，遗憾的是，这些判断中被谴责的一方往往是市民旧有的日常生活形态。伴随着这些道德判断的，自然是一系列相关的政治、经济和文化的手段。而这个城市正是在这么一种想象、判断和再造中与过去的生活、那个亲切的地方告别。

成为景观的地方

在过去几十年上海城市空间的更新过程中，还有很多成熟的居民区转变为绿地和休闲空间。比如延安高架和南北高架沿线，新天地太平湖地区，以及正被空关着的老西门地区，它们都已经与这个空间中原来的那个地方“决裂”了。当然，这些空间的变化使得原来的居民获得了更为宽敞的居住环境（尽管往往是在城市边缘地区），也的确使市中心空间变得更为漂亮和舒朗，在一定程度上也改善了城市的空气，便利了交通。但是，从地方概念的角度来看，原来那种生活社区所具有的身体感受、家庭关系，以及人的记忆、经验、关系、价值都已经逐渐消逝了。与过去相比，新空间中的人际关系往往是疏远、稀薄和脆弱的，居住形态上相对隔离和封闭，从而让这些空间在整体上显得空旷和冷清。这些地方从一种自发形成的社区转变为一种基于概念所构造的模范空间。在这个过程中，如简·雅各布斯所说的，“城市实实在在成了一张棋盘，那些规划者按照他们的统计分类，可以在这上面任意摆放棋子”。

那么，这样一种基于概念和想象所构成的，尚未由人的直接经验来填充和渗透的空间，究竟是怎样的一个地方呢？我愿意将其称为一种景观，一种居伊·德波所说的“由商品、图像、媒体所构成的景观现象”。这个景观首先是一种空间的形态，正如上文中提及的，在城市更新相关的表述中，往往喜欢用“舞台”“会客厅”“走廊”“画卷”，以及“最美加油站”“最美拍照点”等词汇。这类词汇反映出的是这些空间似乎更接近于一种容器和框架，它本身是空的，有待于人往里面填充内容。

今天的城市更新往往带有这种艺术感，它就像艺术一样，是摆在日常生活对面的一个有待于去认识和体验的对象，而不是生活本身。

但同时，这些舞台和框架又并非中性的。新空间的形态，无论是大楼、艺术装置还是环境设定，其体量往往是巨大的，垂直向上或横向延伸。其结构是清晰分割的，比如绿化带和步道之间，就算是互相交错，它们的边缘一定是切割干净的；而且按照观光功能、休闲功能、生活功能有着经过深思熟虑的明确的位置。它往往表现为现代简约的风格，不带繁复的细节，不会有陆元敏照片中的生活那样显得混杂和交融。而且在这些空间中，还会植入更具体的内容信息，比如鲜明突出区域中重要的地点，地方上曾经有过的名人和重要事件，讲述民国时期这一地方的传奇故事，植入当代艺术等。一些景观边设置了“数字体验”项目，观光者可以在一些地点找到二维码，扫描后进一步了解信息。这些元素在新的空间里并置和叠加，传递着各种特定的价值观。

因此，这些景观不是一个单纯的展示，它的整个环境和元素都在诱惑着人们的进入，并且在这个容器和框架中，产生对于其预设内容的想象、共鸣和认同。这就像是日常生活中调动人的各种感受的广告图像，既具有非常强烈的展示和表演特性，又有一种说服的技巧，最终实现对人的捕获。上文已经提到，空间既是一种生产发生之所在，也是生产的对象，还是生产的机制。而景观正是这么一种以有形或者无形的空间为形态的机制，它生产着图像、体验、关系，直至现实。

笔者不怀疑，随着时间的流逝以及人的参与，这些改造之后的空间在未来依然可能会发展成为一个由人的体验所构成的地方，一个对于不同的人具有不同的特定价值的地方。但重要的是，这种体验和认知到底在多大程度上是由人的自主性所构成？人是否能在这么一种景观的结构下依然保持其主体性，或者说找回阿甘本所说的“赤裸生命”？

结　语

笔者并非城市规划领域中的专业人士，只是在持续关注与这个城市相关的影像和艺术实践的过程中，对于苏州河沿线的变化产生了很大的兴趣，并试着去寻求一些解读的可能。今天城市更新中有着一种“截肢”和“植皮”手术的特征，到处都是剥除和再造，但我也不知道是否有内科治疗，或者中医“调理”的可能？陆元敏说，现在的苏州河没有过去“有劲”了，看来我们是必然会与过去决裂的，如果从长期的角度说，这样的决裂已经持续了一两百年。

过去是无法选择的，我们能做的只有在当下学着更好地面对现实。从这个角度来看，“沿苏州河而行”以及

“没有围墙的公园”正是一种积极的尝试，从本质上来说，是对于地方的重建。段义孚说，当我们感到对空间完全熟悉时，它就变成了地方。这些参与者既是在用自己的身体为新空间填充人的活动，也是在调动自己的感官，重新编织起关系，积累起体验，并展开批判性的观察和思考。由此，也许有一天我们能重新找到一个亲切的地方。

苏州河“唱桥会”：在唱作中共同编织城市记忆

孙大肆

独立音乐人

如果没有一点点臭味
苏州河和其他河有什么不一样
雨从河里落到天上
一只鸟吃掉一条鱼

晨雾弥漫雨中游
坐看两岸摩天楼
流水的人和铁打的桥
痛苦的清醒者和快乐的小傻瓜

风扇停了
水变成风
黄梅雨天
时雨时停
待售的乌龟正在哭泣

钓鱼的男子眼神漂移

仰脖伸腰
偶遇水鸟
借风扇翅
落雨收线
飞鸟徘徊潮落潮起
桥在反对沿苏河而行

小时候坐公车过外白渡桥
颠一下就醒了
外婆备下黄鱼浇头
不哭不笑到明年

观看自我在水中的倒影
是对直式效率的逆行反式
The Suzhou Canal shows all of it
说我要做最温柔的水鬼

以上这首《最温柔的水鬼》创作于2020年7月11日的“澎湃新闻·沿苏州河而行·唱桥会”（下称“唱桥会”），歌词由我汇编于当天20位漫步者写下的对苏州河和苏州河上的桥的所感所思。那一天，我们在苏河边大声朗读他人撰写的片段，随后我把歌词谱写成歌曲，大家一

◀ 在蝴蝶湾公园合唱

起在行走的终点蝴蝶湾公园合唱。

一座城市的模样可以是由街道、建筑、人、交通工具拼接起来的风景画，但它是平面的，而不是流动的。真正能让一段记忆、某种认知充满灵动的，是基于一个点延展出的种种脉络和纹理，它可以生成任何形状、声音、影像，任意且自由地演示你的一切想象。

“唱桥会”当天，我们沿苏州河从外白渡桥漫步到恒丰路桥，路经12座苏州河上的桥梁和至今仍存有的城市历史建筑群。每跨越一座桥，我们都会临苏州河在桥面驻足，双手搭着栏杆，面对江风，听耳机里事先为大家准备的桥的故事，以一种在场的方式知觉和回忆。这种略带仪式感的形式，让大家的记忆连接、建构起连绵的峰波，在当时当场当地，依着听觉触觉嗅觉，共同在苏河上建立起了一个链接历史与情感的场域，苏河在那天仿佛有了一股独特的气息。

我想，上海人心目中的外婆桥可能是苏州河上的某一座桥，对于我来说，浙江路桥是特殊的。

记忆中的浙江路桥

小时候，每到寒暑假，我都会到上海市厦门路60弄的外婆家生活。那时，前弄堂出来是厦门路，后弄堂出去是南苏州路，往西面一弯，就是浙江路桥了。

作为知青子女，我大部分时间都在安徽读书，弄堂里小朋友一个也不认得，也不好意思搭讪，除了看电视，就是到门口看桥看河浜。印象比较深的是夏天的浙江路桥，很多人会出来乘风凉。那时候桥上的“上街沿”（人行道）上站满了人，过桥的人只好走在马路当中，好在一般晚上马路上也没什么车。

上街沿上有人打牌，要么闷声不响，要么气势十足，面前摆了一叠票子，全是一角两角的，偶然能看到一块两块的；有人下象棋，同打牌不一样，一般旁边围观的人会开腔，指指点点，很多想法。打牌和下象棋的人用的全是小矮凳小台面，只有躺椅上的人会享受，一般两把一躺，一面摇扇子一面“尬山湖”（聊天）。小朋友们跑来跑去，自成一派，不太有人管。我印象中小朋友们喜欢把小小的身体插在桥梁交叉的方形空隙里，想象自己是飞行员。这个时候桥面上是喧闹的，我是安静的。

夏天的气候琢磨不定，一会又热又臭又闷，仿佛世界已凝固，一会风向一转，仿佛啥地方来了一阵仙气，又风凉又清爽。

这个时候，也可以闻到一阵舀西瓜的味道，西瓜子就随便吐吐，粒粒又大又黑，也有人在面盆里把瓜子筹起来，拿回去晒晒，炒瓜子吃。

白天我电视看得无聊了，也会跑出去，站在桥上，看苏州河的黑水上一艘艘散货船慢吞吞地穿过我脚下的桥洞，我从来不知道它们从哪里来要到哪里去，但能回忆起，船的马达配合着河面的波浪与桥面的震颤混为一体，那时候觉得自己摇了起来，恍惚了起来……

“唱桥会”那天经过浙江路桥时，我与大家分享了这段与浙江路桥有关的回忆。

也许这就是上海老城区、老弄堂带给我们的记忆：三层阁夏天地板被拖过后散发出的水汽的味道，马桶里消毒水的味道，阳台上煤炉里煤饼的味道，外婆擦席子的水里花露水的味道，逼仄的通往楼上的木头楼梯吱吱呀呀地响着，敞着门进出做事的年长邻居听着苏州评弹，弄堂口倾倒痰盂的池子和男士的便池，粮油食品店的散装白米和面粉、零拷的酱油和醋，个头还没有那么大、皮还没有那么薄的生煎馒头，摆满菜摊鱼摊有些潮湿脏乱却极其方便和充满生活气息的街道，与驳船、桥、河水共振着的人们的生活……

集体唱作，探索音乐、记忆和场域

作为一名独立音乐创作人和剧场工作者，我一直尝试在各类集体项目中鼓励参与者加入音乐创作的过程中，体会节奏与身体、与场域的关系，体会音乐无中生有的过程。在这些尝试中，由于参与者音乐基础的参差不齐，往往没有足够的时间带领所有人深度参与。但对于歌曲中的文字部分，每个人都或多或少地可以参与，并且，大家在演唱经由自己的文字汇编而成的歌曲时，会真正拥有那种参与和创作的喜悦。

苏州河“唱桥会”，是文字创作参与者最多的一次尝试，如何在20份不同视角和风格的文字中，找到一定的组织逻辑，提炼出其中的诗意，并最终能和一条好听的旋律线契合，使它适合合唱，对我来说是一次挑战。

行进半程，我们走过了外白渡桥、乍浦路桥、四川路桥、福建路桥、山西路桥、浙江路桥、西藏路桥和乌镇路

▲ 休息时，作者根据20位漫步者提供的文字编写歌词

桥，在苏河边的“啤酒阿姨”休息及补给，同时也是在那里，每位参与者写下了当天的感受。

“如果没有一点点臭味
苏州河与其他河又有什么不同
外白渡桥上
每小时都有新人走过
倚在桥边凝视江面
感觉水慢慢流
进入我的身体
反正我也没有多干净
不如与河水融为一体

我要做
最温柔的水鬼”

——张廷钰

“铁打的桥，流水的人。
半年前相依而过，
半年后海角天涯。
一样的迷雾与细雨
一样的湿润与人流
会有恍惚，
那座钢桥
究竟是架在苏州河上，
还是那个还未分手的冬日下午
还是那天午后阴沉的布达佩斯
流水的人，铁打的桥”

——鑫培

“桥，是连接这一岸到另一岸的通道，实际而充满效率地直线抵达。

而在陆地上穿行，一座桥挨着另一座，则是对直式效率的逆行的反式”

——崔

“桥反对沿苏州河而行

特别表示反对的桥
用九十度直角反对
有点反对的桥
用斜斜斜斜的方法
婉转地说不”

——btr

“黄梅天，雨水穿堂落地，流入阳台
河水没过桥头漫上两岸
一觉梦回苏州
外婆备下黄鱼浇头
风扇停了，水变成风
吹到面前，
不哭不笑到明年”

——占黑

……

大致可以看到，在那个黄梅雨天，参与者各自撑伞驻足在桥面时的心情——青年人失去的恋情、童年，对桥的拟人化共情，水鸟、待售的乌龟、沉默而阴沉的钓鱼男子，雨、风、外白渡桥……如果我一个人去写这首歌，一定看不到那么多的面向，而通过20双眼睛，20个灵魂来感受那一天，《最温柔的水鬼》成为那天我们最诚恳的献祭。

以苏州河为契机，继续唱作、传递城市记忆

现在回想起来，“唱桥会”成为我重新接驳那块地区和历史的起点。在那之后，我和几个小伙伴成立了“神炁现形”，不论是从2020年10月份开始的RAM外滩美术馆“客堂间·人来疯”项目，还是2021年11月开始的UCCA尤伦斯美术馆“触手计划·意游未境”项目，我们一次次地徘徊在黄浦区的老城区，“触摸”这里。令我们没想到的是，这一年半以来，我们的行走也成为与老城区的一种“漫长的告别”。如今，老城区中的居民已经不多了。

上海在我的记忆里，是平面地图上不同道路名称和地标建筑物的符号群，偶尔是立体的，飘散着各处或本土或精致的食物味道。她似乎长久地处在一种进行时中，朝向着未来。至于她的过去，似乎没有人愿意为她停留，她被不断地粉刷，努力打扮成一个入时的宠儿。很多人对城市的了解只能如盲人摸象一般，在现实中局部地认知，或者在他人再现的文本当中，主动观看并被动记忆几经转手的变形模样。我们的城市越来越相似，也越来越失去主体性。

无论苏州河两岸的风景如何变化，无论走在桥上的人，他们的面容如何改变，还留有多少可供诉说的空间，桥永远是桥，它如一座丰碑，在历史的物理空间和每个人的记忆里，可以让我们不断去印证和观看自我在宏大宇宙

之中的位置。城市的全球化和一致化让人伤感，但所幸还有桥、还有河，还有不变的根深蒂固的记忆点可以追溯，让我们这些失守历史记忆的人可以自主获得一些珍贵的遗物，可以将它不断传递和分享下去。

借作家卡尔维诺的话来说，我认为我们写了一种东西，它就像是在越来越难以把城市当作城市来生活的时刻，献给城市的最后一首爱情诗。

我相信每个参与“唱桥会”的人都会产生发自内心深处的深刻共鸣，当自己的文字被集体以唱诵的方式表现出来时，这种感觉令人震撼。这首歌属于集体，也属于每个可关联的个体，它是普遍的也是特殊的。

桥依旧是桥，但音乐和你我，也都成了桥。

从波士顿到上海，城市滨水空间的吸引力

关成贺

上海纽约大学城市实验室联合创始人

李颖

上海纽约大学城市实验室联合创始人兼执行主任

当我们漫步苏州河畔，注意到的可能是建于1907年的外白渡桥，或是上海邮政总局大楼，抑或是代表抗战精神的四行仓库。一桥、一楼、一仓库，虽然功能属性不同，但是它们都成为苏河两岸的地标，即英文中的“landmark”。以外白渡桥为例，它作为地标的形成有历史的传承，比如由最初的木制改为现在的钢结构；也具有文化的内涵，它是苏州河汇入黄浦江的交汇处之象征；当然，也有它的功能所在，它是连接苏州河南北两岸的桥梁。麻省理工学院的教授凯文·林奇（Kevin Lynch）在他的“城市形态五要素”分析中，认为地标是其中最为重要的一个要素，也是唯

——一个具有多维度（如前所述，历史、文化和空间形态）的城市意向。对于周边的城市居民、苏州河畔的游客、规划设计人员、城市管理开发者、城市政策制定者而言，他们心中的地标目录都是不同的。这里面有行业的差异，也有个人的喜好，当然也有他们对城市形态的潜在的认知差别。其实，每位城市居民也都是城市观察者，虽然这种身份不能成为一种职业，当时却能实实在在地影响人们日常生活的状态与幸福感。从这个角度来说，我们觉得“地标”一词用到滨水空间的塑造，更应该是城市印象中具有指引性的灯塔。

▼ 上海邮政总局大楼（图片来源：中国邮政）

从苏州河到查尔斯河的城市印象灯塔

凯文·林奇在总结他的“城市形态五要素”时，他心中的城市印象其实是美国新英格兰地区的波士顿。提到波士顿，就不得不提及查尔斯河。如果跟随安徒生文学奖得主村上春树所写的随笔散文《当谈跑步时我想谈些什么》中提到的所见所闻，那展现在我们眼前的将会是哈佛大桥、皮博迪露台和芬威球场（与查尔斯河边隔着90号高速公路、联邦大街和斯德罗路）。一桥、一楼、一球场，这也是很多在波士顿居住生活或是旅行过的人们对查尔斯河畔的印象缩影。

一桥，是指哈佛桥，在当地也被称为麻省理工学院桥。因为它是位于麻省理工学院校区前的一座钢拱梁桥。通过马萨诸塞大道，它连接了马萨诸塞州剑桥市和对岸波士顿后湾及芬威。之所以有人叫它“大桥”，是因为它承载着横跨查尔斯河的主要交通重担并且是查尔斯河上最长的桥梁。它以哈佛大学创始人约翰·哈佛的名字命名，同时也因为创造了被称为“斯穆特”（Smoot）的特殊长度单位而闻名。斯穆特并非一个标准的长度单位，而是麻省理工学院兄弟会的产物。

这里不得不简单介绍一下斯穆特，它是以奥利弗·斯穆特（Oliver Smoot）的名字命名的。1958 年 10 月，奥利弗在哈佛桥上用自己的身体丈量桥的长度。之所以这样做，是出于他对兄弟会（Lambda Chi Alpha）的博爱承诺。写到这里，我们不得不停笔，因为哈佛桥所牵连的关于波士顿的历史、文化和空间形态会被一连串地牵扯出来。不过，由此也可发现，一座桥对城市滨水公共空间所承载的意义深远。

一楼，是指皮博迪露台。它位于马萨诸塞州剑桥市查尔斯河北岸，是哈佛大学的住宅区中由500多套公寓组成的居住综合体，主要服务于研究生、访问学者和年轻教师，尤其是已婚学生及其家庭。1965年竣工，占地2.4公顷，建筑面积6万平方米，耗资850万美元。设计师是哈佛设计研究生院院长约瑟夫·泽特（Josep Lluis Sert），他希望“将地中海的色彩和生命带入北欧的白色立体主义建筑”，也称皮博迪露台是“勒柯布西耶公共原型的扩展”。当然，大家如果对勒·柯布西耶的光辉城市（也译为辐射城市）感兴趣，或者对他在美国设计建造的唯一一栋建筑——哈佛大学卡彭特视觉艺术中心感兴趣，那么大家可以去查阅其“人居单元”（United Habitation）、“光辉城市”（Radiant City）、等相关理论，所获得的知识又会把波士顿查尔斯河畔的建筑设计规划和现代主义先驱的杰作联系在一起。以野兽派风格设计展现在每个沿着查尔斯河哈佛段漫步的人们面前的皮博迪露台，获得了波士顿建筑师协会奖章和美国建筑师协会金奖，这也是作为建筑师的我们曾经向往的荣誉。

另一方面，用建筑评论家罗伯特·坎贝尔的描述来说，皮博迪露台是除了建筑师之外，几乎任何人都不喜欢的建筑。对此，我们也无力反驳，因为我们已经被归类到“任何人之外”的建筑师行列了。并不是要为博士期间所在学院的前院长辩解，但是作为在皮博迪露台居住了8年（2010至2018年）的住户来说，约瑟夫·泽特在20世纪60年代提出的可持续发展理念可谓很有远见，虽然这个概念现今已被广泛接受。另外，约瑟夫·泽特为了最大限度地利用可使用空间并加快垂直运输速度，3座22层塔楼的电梯都是每3层才会停下来。这对于居住在19楼的我们来说，虽然每次要走一层楼梯，但是电梯最多停5次就会到达18楼了。对于查尔斯河畔的游人来说，其外立面设计成了继哈佛大学霍利奥克行政中心（目前已更名）之后又一个“很难被接受的”的建筑。

一球场，指的是芬威球场，美国棒球联盟波士顿红袜队的主场，也是美国最古老的棒球场。跟哈佛桥的斯穆特度量单位类似，芬威球场也以数字闻名，也就是一堵被称为“绿色怪物”的11.329米高的墙。由于建在城区受到场地限制，球场左侧外野距离较短，非常有利于右手击球手打出本垒打。与此类似，还有“威廉斯堡”和“三角形”等典故。2018年我们去芬威球场观看的并不是红袜队的比赛，而是哈佛大学的深红橄榄球队（Harvard Crimson）与耶鲁大学的斗牛犬橄榄球队（Yale

Bulldogs）的比赛。哈佛–耶鲁橄榄球赛自1875年开始举办，已经形成了百余年来的传统，比赛也被称为年度之战。驱车从近郊莱克星顿出发，经阿灵顿沿着“一分钟人”步道（Minute Man Trail）到查尔斯河边的皮博迪露台，跨过哈佛桥便可到芬威球场。这里一路所见所闻就像《城市的胜利》一书作者爱德华·格奈泽（Edward Glaeser）在讲述波士顿城市街区发展史一般，从马车为主要交通工具的波士顿老城区，到后湾和沿查尔斯河的公共交通为基础的早期城市扩张，再到上游的以汽车为核心生活方式的近郊城市化。

凯文林奇的“城市五要素”：点、线、面维度下的城市滨水空间

哈佛桥、皮博迪露台、芬威球场串联起了我们对查尔斯河畔的空间序列的认知，这种认知是基于在波士顿的求学和工作经历。当每个人的城市印象中各种大大小小的地标不断地组合变化，就形成了我们对城市滨水空间印象的集合体。这种集合体中最能支撑城市整体画像的一些地标，便成了城市印象的灯塔。

除了地标之外，凯文·林奇的“城市形态五要素”中还包含点、线、面。从城市区域或自然流域的宏观尺度出发，上海的苏州河和波士顿的查尔斯河都可以化为零维度

▲ 哈佛桥

◀ 皮博迪露台（图片来源：上海纽约大学城市实验室）

▲ 芬威球场（图片来源：上海纽约大学城市实验室）

的“点”来表示。从城市尺度来看，她们又是“线”。每一条线由起点和终点构成一维度的线。例如，苏州河的起点用一般民间所认可的概念，是起于上海市区北新泾，至外白渡桥东侧汇入黄浦江段；用水文定义的概念，是起于上海市青浦区白鹤镇进入上海市境，至汇入黄浦江段的50公里距离。这就是线的概念。如果把苏州河的支流所覆盖的范围，和河道附近辐射范围区域也包括进来，那么这就是三维度的面。

波士顿的查尔斯河对于像作家村上春树这样的业余跑者来说，可能是哈佛桥和肯尼迪桥（哈佛政府学院和商学院之间的桥）之间的10公里环线：顺时针从麻省理工学院出发，跨过哈佛桥，沿着查尔斯河南岸波士顿大学校区北面，远眺芬威球场，赶上有比赛的时候，你甚至可以听到球场里的呐喊声；之后进入哈佛大学商学院校区附近，跨过肯尼迪桥，沿着皮博迪露台，再到麻省理工学院的校舍区，欣赏着北欧代表建筑师阿尔瓦阿尔托设计的贝克学生宿舍，埃罗萨里宁的MIT小教堂，斯蒂芬豪尔的西门子宿舍，贝聿铭的21层高的绿塔楼，爱德华多卡塔拉诺的斯塔顿学生中心，弗兰克盖里的斯泰塔中心，当然，还有2009年落成的桢文彦设计媒体实验室。每座建筑背后都有一个融入剑桥市的故事和流淌在查尔斯河中的历史。我们把每个点用查尔斯河滨水空间的动线串联起来，再赋之以面的维度，那么这就是城市形态空间形成的立体多维的、生动的城市印象。

从“翡翠项链”到数字化信息化背景下城市滨水空间的创造

提到点线面的串联空间，就不得不提到奥姆斯特德的“翡翠项链”（Emerald Necklace）。比村上春树这样的业余跑者更为专业的运动员们会选择跑“翡翠项链”这样更远的距离，虽然还没有举世闻名的现代马拉松波士顿马拉松那么远。“翡翠项链”是全球城市绿廊系统的开创者，也是城市绿道从规划到实践的成功范型。作为城市公园系统的典范，它更能把查尔斯河沿岸的城市印象

▲ 从皮博迪露台远眺肯尼迪桥（图片来源：上海纽约大学城市实验室）

串联起来，可以一直追溯到美国国家的地标“波士顿自由之路”起点。

当然，凯文·林奇的“城市空间”理论对当代城市滨水空间的诠释和理解也存在欠缺之处。比如“城市形态五要素”中对最后一个“边界”的解读，放在数字化信息化背景下城市滨水空间的创造，已经不能满足于物理空间主导的理念。

更重要的是，在苏州河和查尔斯河上的人们的活动，在经历了环境污染、历史更迭和城市更新发展之后，是否还能承载具有吸引力的城市滨水空间的功能来提高人们的生活健康质量？

总之，我们需要思考的问题具有鲜明的两极性，历史文化空间的传承是否阻碍了城市和社会更新，还是因为我们尚未把握合适的方法来憧憬未来？在我们面对城市滨水空间的机遇与挑战时，是否要像福特经济理论那样先去摒弃才能前行呢？

苏州河众生相

btr

作家

2020年，我跟随澎湃新闻组织的“沿苏州河而行”活动多次漫步苏州河。那是新冠肺炎疫情的第一年，城市一度变得寂寥、甚至荒芜；而苏州河却始终是那条苏州河，它给人安慰，也给写作者灵感。在与音乐人孙大肆一起漫步苏州河、与群友们共写歌词的那天，我写了“桥在反对沿苏州河而行”这句很“科学”的歌词，毕竟桥跨越河，是为了让人去往河的另一侧；但事实上，苏州河本身更像一座桥梁，它勾连起我与这座城市里形形色色的人。

在以下的段落里，我试图用文字勾勒出这些在沿苏州河漫步时遇见的人，让他们在我的记忆里再次显影，拼贴成一幅或许可以在往后岁月里继续拓展的众生相。

▲ 放风筝的人（摄影：btr）

放风筝的人

它感觉到我接近的时候，我还根本没有注意到它。

那样敏感，又那么敏捷，这只苍鹭从河岸边腾空而起，跃入我的视线范围，漂亮地滑出一道弧线。就好像这只颈部有黑色纵纹的灰白色生物并非受到什么惊吓，而是它的滑翔表演恰好在我抵达岸边时开始。它牵引着我的视线，飞向对岸中远两湾城密集的楼盘，又折回、升高，螺旋式地朝高处而去。目光如不存在的线追随，直到飞鸟变成一个移动的黑点，直到另一个黑点加入，与它一同滑翔起来。另一个黑点飞得更线性、更平滑，“如果那是一架飞机，乘客应该根本感觉不到气流的存在吧？”——这么想着的时候，我突然意识到那是一只风筝。

从我所在的梦清园岸边，看不见放风筝的人，只有当风筝一蹦一蹦继续往上时，人们才会意识到有一根细线正牵着它，而细线另一端，放风筝的人一定正用灵巧的手势配合风的力量，共同塑造如鸟一般自由的幻觉。又或者真正放飞的，其实是放风筝的人？那或许是他一天中最自由的时刻，可以放下一切，专注于细线另一端那张薄纸片的起落，在风筝飞向透视法的灭点时，任由思绪遁入冥想，待到黄昏收线、准备回家烧夜饭时，整个人都是新的。

远远望去还以为昌化路桥上有市集。凑近看，三四个一组垒起的水产箱和塑料桶里，密密麻麻全是叫不出名字的小鱼，以及某种类似泥鳅或鳝鱼的水产，鱼儿在阳光下扭作一团，闪闪发亮。箱子上用马克笔标着“50斤”的字样。人们围过来一探究竟：原来是在放生。

与我脑海中“放生”唤起的图景不太一样，总觉得那应该是一项具有仪式感的行为：倒不是说要有唱佛机伴奏；而是，比如说，咽下口水在厨房刀下救出一条龙趸，默念着阿弥陀佛，将之虔诚地送回池塘。而眼前的景象，仿佛是具有工业化特征的、分工明确的批量放生：工人们似乎来自某间火锅店，依次把一箱箱小鱼倒入苏州河，50斤一箱，目测单单桥上就有十几箱，而放生的金主（或者应该称作“有缘人”？），站在一旁督阵。他们似乎只关心放生程序的执行，并不理会众人的“弹幕”——几钿一斤啊？介许多啊！全部倒脱啊？侬看，鸟统统聚过来了……

是啊，刚才还在与风筝嬉游的鹭鸟从不知何处瞬间聚拢过来，放生的小鱼是它们的免费刺身。鹭鸟嗷嗷叫着，伴着满足的声音和优美的弧线滑翔掠过水面，准确而轻盈地取用这顿意外的自助餐。小鱼一定没有料到，这场放生竟是送死。

出租车司机不相信有一座新桥。他指着小屏幕上弯弯曲曲的线路对我说，导航说要走北京路。桥是新造的，导航可能还没有更新，我向他解释。我告诉他前几天我还骑车过了一次桥，路肯定已经通了。可能汽车还不能过桥？他仍旧很怀疑。再说，他补充，你要去的北京路外滩不是在苏州河南面吗？但这样开，路比较直，我解释道，只要一直开，过了昌平路桥之后路名会依次变成恒通路、曲阜路、天潼路，但路，始终是那一条，到乍浦路右转过桥就到了，非常顺。好吧，司机将信将疑地同意了我的方案，但还在自言自语，嗯……先去苏州河北面，再回南面，反而比较近……

因为苏州河是弯的呀！我想说但没有说出口。正是因为这样走路程会近很多，这座新桥才有存在的必要性啊，这么想着的时候，车已经开始渐渐上坡。

你看，一只老虎，司机指了指窗外。车窗窗框构成的取景框里，一只虎头风筝正从桥面飞起。

想起探戈阿叔的时候，会以为桥洞是明亮的。那大概是错觉，或者说，一种记忆里的主观视觉。我记得他穿着黑色皮衣，起劲地——说是“得意”也未尝不可——迈出舞步，他舞动身体的方式鼓励人们抛开专业视角，从气氛的角度直观感受他的舞蹈。他的眼睛透出神采，没有笑，却洋溢着喜悦的气息。甚至没有音乐，一切在静默中进行，节奏内置在身体里，而身体成为乐谱本身。

几分钟前还在用萨克斯吹奏《情人的眼泪》的阿姨看得入迷。她已经放下乐器，与不远处的藤椅杂技爷爷一起加入观众的行列。藤椅杂技爷爷是卖藤椅的爷爷，各式各样不同大小的藤椅以一种杂技般的方式在他长长的手推车上高高垒起，一整个下午也没有卖出一个。我记得后来，有个拿着相机的少女临时加入观众的行列，镜头的存在让探戈阿叔跳得更起劲、更具有表演色彩——说不定她在直播呢？“小姑娘，侬要学伐，我来教侬！”一曲终了，探戈阿叔热情过头地招呼起那位临时观众。

后来有两次，我又经过那个桥洞，却再也没见过探戈阿叔，只有萨克斯风阿姨独自吹奏着哀怨的情歌。桥洞是天然的扩音装置，连哀怨都被放大了。最后一次，我忍不住问她，那个跳探戈的阿叔呢？什么阿叔啊？她反问我，就像我在谈论一个莫须有的人。

假如把苏州河填埋后变作F1赛道，那么华政段一定是最危险的。从华阳路、万航渡路交界处附近开始，苏州河突然以一个90度转弯拐向西北侧，延展数百米后又以

30度夹角突转南下，呈“人”字形将华东政法大学整个包裹住——在1879年至1929年的半个世纪里，这里曾是大名鼎鼎的圣约翰大学，民国第一外交家顾维钧先生、全国政协原副主席荣毅仁、中国现代会计之父潘序伦、国务院前港澳办主任鲁平等，都是这里的杰出校友。从北往南看，这段“人”字形苏州河也可以看作“V”字形吧，能顺利通过这段赛道，才是赢家。

在恒丰路桥下的苏州河边，我见过另一个赢家。他在车窗口比出胜利的“脚势”——对，不是手势，而是两只白花花、肉鼓鼓的大脚丫，得意洋洋地搁在一辆小轿车摇下的前窗上，形成一个醒目的“V”。看不见人影，正在放低的座位上呼呼大睡也不一定。应该是在等人，因为这优哉游哉的脚势全无迫切的意味，倒有点像在炫耀，就好像整个城市的喧嚣暂时与己无关，在那一刻，他只想与苏州河一起静静躺着，任由时间如河水默默流去。

你看，他在对着一棵树鞠躬。

我循着小说家指的方向望向河边，真的有一个男人，年纪在伯伯到爷爷之间，正对着一棵树，把腰弯成90度，一动不动，像日企电梯间里的那种告别场景，明明电梯门已经合上，站在厅里的那一位仍旧保持着鞠躬的姿势，就好像电梯里的人会随时反悔开门再告别第二回合似的。

或者他是在观察树下的什么？蚂蚁搬家？一株冒出新芽的植物？一条从苏州河里跳出的鱼？或是别的什么神奇的东西，足够让人惊奇，让人不自觉地长久凝视、观察，甚至陷入冥想状态；就好像大自然是一个高妙的编舞者，在不经意之处显现一些征象，便足以调动人的身体，或凝住人的身体，使之好像在对着一棵树鞠躬。

小说家向我使眼色，暗中阻止我靠近这位伯伯或爷爷探究真相。毕竟在这一目了然的世界上，神秘的东西太少了，就让这场神秘的静止之舞继续吧。

乍浦路桥没有桥洞。引桥短，桥面宽而平，沿苏州河而行，走到桥边得过一个红绿灯才能继续朝外滩行进。或者干脆上桥，乍浦路桥上热闹得很呢，遛狗的、放风筝的、飞无人机的、卖闪闪发光气球的……而更多人在拍照：从这里取景，外白渡桥和浦东赛博朋克的天际线可以尽收眼底。

他们在桥上拍婚纱照。新娘穿一袭黑色长裙，按照摄影师的指挥朝前几步又朝后几步，远眺前方再回眸一笑。有一位工作人员负责拎着她的裙摆，以免长裙曳地，处于被动地位的工作人员始终跟着新娘行动，总是慢半拍，两人看起来像团建游戏里笨拙的一对。穿黑色西装的新郎则轻松得多，他好像只是婚纱照的配角。围观路人纷纷掏出手机，像集五福使用"沾福气"那样拍下眼前幸福的场景。一位骑着助动车的骑手甚至在桥上一个急停，像杀手掏出枪那样迅速掏出手机，对着这对新人不由分说地按下快门。

我凑近看，原来他不是外卖骑手，他的头盔上写着"永恒"。

翻译家对着宝成桥旁的一块宣传牌看了许久。牌子上写着："禁止宠物入内 Static Pet in"。街上的翻译错误乃至洋泾浜英文比比皆是，翻译家感兴趣的是错误背后的机制。通常，是由于翻译软件的智能水平与人类尚有差距，但这个"Static Pet in"实在匪夷所思，所以他也静止起来，就地思考了一会儿。Static者，静止也。静止、精致、景致……径直有了答案：在翻译软件里输入中文的粗心家伙，可能是一个前后鼻音不分的上海人吧，他大概是误将前鼻音"禁止"的"禁"写成了后鼻音"静止"的"静"，而掌握翻译的机器软件当然来者不拒，忠实地搞出一个"Static Pet in"。

静止的宠物进来吧，苏州河欢迎您！海纳百川，川纳百宠……让我静静。

小说家经常做关于苏州河的梦，他把记得的梦都告诉了我。

他梦见在苏州河边晨跑。一个穿粉紫色运动装的女孩迎面跑来，朝他打了一个招呼。不是"你好"或"哈啰"那种，而是一个表示"你好"或"哈啰"的眼神。过了几十秒，又一个穿粉紫色运动装的女孩迎面跑来——和前一个长得一模一样，或者就是前一个，但她不可能在那么短的时间内跑到河对岸再绕回来——又抛给他一个表示"你好"或"哈啰"的眼神。这一次，他追随着女孩的跑动线路，直到回头看着她跑进江宁路桥边上海造币厂的大门。

他梦见苏州河结冰了。他在冰面愉快地溜冰，突然掉进一个洞。洞的另一边是夏天的苏州河，明晃晃的阳光折射进河底，水草张牙舞爪，乌龟的短腿蹬个不停，过了好久他才浮上水面。

他梦见一根42厘米的软糖，扭成苏州河的形状，奖励给第一届苏州河马拉松比赛的冠军。

他梦见蒙着眼睛在河岸边走，气味和声音、温度和湿度都被放大了。经过桥洞时，他朗诵起李清照的《声声慢》，叠词只读一个就够了，与回声合作。

他梦见苏州河上悬起缆车，警方派出直升机突击搜查在缆车上进行学科类补习的人。

他梦见在速写簿上为每个在苏州河边遇见的人画像，不是用线条，而是用文字，像法国诗人阿波利奈尔的《雨》。